Diásporas, éxodos y representaciones en el arte y la literatura hispanoamericanos

Edurne Beltrán de Heredia Carmona
y Luis Mora-Ballesteros
Editores

Diásporas, éxodos y representaciones en el arte y la literatura hispanoamericanos

Abraham Prades
Bruno Nowendsztern
Christina L. Sisk Nava
Gabriel Osuna
Miriam S. Romero
Ronald Antonio Ramírez
Tugba Sevin

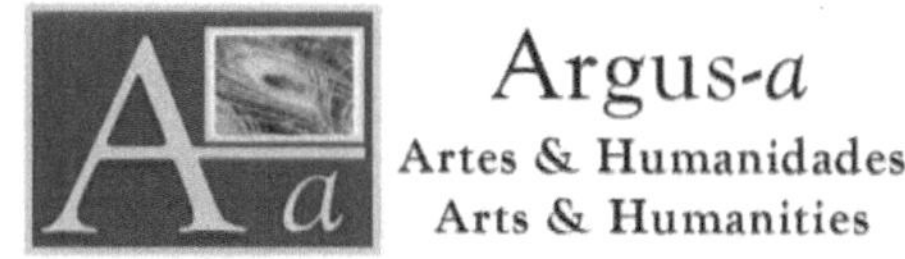

Buenos Aires, Argentina - Los Ángeles, USA
2023

Diásporas, éxodos y representaciones en el arte y la literatura hispanoamericanos

ISBN 978-1-944508-51-7

Ilustración de tapa: gentileza de J.R. Korpa, en unsplash.com
Diseño de tapa: Argus-*a*.

Editorial Argus-*a* Artes y Humanidades / Arts & Humanities
Argusa Artes y Humanidades / Arts & Humanities L.L.C.

1414 Countrywood Ave. # 90
Hacienda Heights, California 91745
U.S.A.
argus.a.org@gmail.com

ÍNDICE

III. Paradigmas, transmedia, hibridez texto-imagen y lenguaje digital

Presentación

Bajo el título *Diásporas, éxodos y representaciones en el arte y la literatura hispanoamericanos*, el presente libro reúne siete trabajos de investigadores y de estudiantes de programas de doctorado en lengua, arte, cine, literatura y cultura, adscritos a departamentos académicos de universidades en América del Norte, Latinoamérica y el Caribe. La obra ha sido sometida a una evaluación de pares en el campo de los estudios críticos. Con su divulgación, se espera que el público general y el lector especializado reciban una singular colección de ensayos, cuya autoría pertenece a un grupo diverso de eruditos noveles y de expertos en las áreas de su saber específico.

Las contribuciones que componen este volumen son procedentes de distintos campus universitarios de los Estados Unidos, México y Cuba. Se dan cita para rendir un informe sobre el *statu quo* de las narrativas transcontinentales, las tradiciones novelísticas, las poéticas transterritoriales, y la crítica y la investigación literarias. En su conjunto, el cuerpo del texto aborda los saberes fílmicos y las teorías culturales; mientras dialoga con la difusión y pesquisa de la *institución artístico-literaria* en América y Europa.

En rigor, el acopio y recepción de cada una de estas *prácticas críticas* persigue tres objetivos particulares: (1) promover el debate académico en los campos fílmico, cultural, artístico y literario, que aborda los estudios relacionados con la diáspora, el exilio, el extranjerismo, la migración, los desplazamientos y la movilidad humana *en, desde y hacia* el mundo hispanohablante; (2) trazar coordenadas de análisis de sus consecuentes representaciones artísticas, gráficas, pictóricas, fílmicas y escriturales; (3) nutrir el diálogo inter y transcontinental entre profesores, investigadores y estudiantes de las disciplinas humanísticas.

En tres grandes secciones, a saber, "Producción cultural y fílmica tras los movimientos geográficos desde y hacia el mundo hispanohablante"; "Diásporas y éxodos en la literatura hispanoamericana y latina en los Estados Unidos"; "Paradigmas, transmedia, hibridez texto-imagen y lenguaje digital", se despliegan las firmas de los autores. Ello da cuenta de un amplio catálogo de categorías y proposiciones que pivotan sobre la reflexión hermenéutica y la crítica comparatística.

De este modo, en primera instancia, en las contribuciones de *Producción cultural y fílmica,* se interroga por la precisión terminológica de los grupos humanos movilizados, se pasa revista a la representación de los ciudadanos que habitan en la frontera de México con los Estados Unidos, y se estudia la percepción de las madres e hijos migrantes en las producciones cinematográficas. Así, «¿Emigrantes o exiliados? Respuestas desde el extranjero a la crisis económica de 2008 en *Españoles en el Exilio* (2017)», informa sobre los orígenes, la evolución y las consecuencias de la crisis española de inicios del siglo veintiuno y su sucesivo registro documental del flujo migratorio. Seguidamente, en «Del campo agrícola al campo deportivo: análisis de la representación de los mexicoamericanos y su integración a través del deporte en *McFarland, USA* (2015)», se establecen elementos descriptivos de la identidad de los jóvenes mexicoamericanos en el pueblo de McFarland, California, lugar de nombre homónimo al filme que inspira. Finalmente, «Percepciones, tensiones y conflictos inmigrantes en la película *Los lobos* (2019), de Samuel Kishi», explora tres perspectivas de la trama argumental: (a) la madre-migrante-protagonista, (b) los hijos-niños-migrantes, y (c) la sociedad productora/receptora de inmigrantes.

En segunda instancia, *Diásporas, éxodos y representaciones* abre con la sección «Violencia y diásporas en tres generaciones: Víctor Hugo Rascón Banda, Guillermo Arreola y Geney Beltrán». En este ensayo se busca determinar la interacción entre violencia, representación del espacio y escritura en *Contrabando* (2008), de Víctor Hugo Rascón Banda, *La venganza de los pájaros* (2006), de Guillermo Arreola, y *Adiós, Tomasa* (2019), de Geney Beltrán Félix. Le sigue «La migración indocumentada en *My (Underground) American Dream* (2016) y *Someone Like Me* (2018)», de Julissa Arce, en donde se analiza la documentación de la migración y se usa esta categoría en distintos niveles para explorar la narración de la migración y las discusiones sobre la documentación legal/ilegal.

Al cierre, en *Paradigmas, transmedia,* «Los sefardíes y los conversos: dos caras de la misma moneda», expone dos perfiles de la diáspora sefardita: (1) los sefardíes en sus nuevos países en la diáspora y (2) los conversos por la sociedad española. A la par, se exhiben ambas representaciones en los textos literarios escritos por los autores españoles y la posterior reacción de los artistas representados. Este reportorio –y el volumen– concluye con el trabajo: «Migrantes, el cuerpo-residuo: análisis estético de *Sin nombre (2009),* de Cary Kukunaga, y *Desierto (2015), de* Jonás Cuarón». La propuesta analiza cómo los personajes de los filmes participan de un sistema de exclusión social que los somete a condiciones extremas de vulnerabilidad y violencia; hace énfasis en los distintos niveles de enunciación de las producciones para describir una estética escatológica en los modos de aprehensión del conflicto migratorio.

En suma, hechas estas brevísimas consideraciones, se invita al lector a descubrir las páginas que se presentan a continuación. Las mismas constituyen el esfuerzo de un colectivo agrupado en torno a la idea de narrar, describir y analizar las diásporas, los éxodos y las representaciones en la literatura y el arte hispanoamericanos.

Luis Mora-Ballesteros
World Languages and Cultures Department
Monmouth University

I

Producción cultural y fílmica tras los movimientos geográficos desde y hacia el mundo hispanohablante

¿Emigrantes o exiliados? Respuestas desde el extranjero a la crisis económica de 2008 en *Españoles en el Exilio* (2017)

Abraham Prades
Georgetown College

Resumen

A partir del año 2008 y con motivo de la crisis económica que sacude a España, son numerosas las producciones cinematográficas y literarias que tratan el tema de la crisis, su desarrollo y los efectos que ha tenido en la sociedad española. Una de estas producciones es *Españoles en el exilio* (2017) del director Rubén Hornillo, un documental en el que se cuenta de primera mano las opiniones y experiencias de algunos ciudadanos españoles que se ven obligados a marcharse al extranjero, a los Estados Unidos y a Jordania, escapando de la crisis económica. En este trabajo se analizan las vidas precarias de aquellas personas que deciden marcharse de España, pero que continúan con dicha precarización en el extranjero, y las dificultades a las que tienen que hacer frente en el país de destino. Asimismo, se señala que los entrevistados en el documental, incluido el propio Hornillo, forman parte de una nueva clase social en formación que diversos académicos, como Guy Standing, denominan el precariado, ya que por un lado tenían una vida precaria y sin futuro en España, pero ahora que están en el extranjero siguen formando parte del precariado, aunque esta vez como emigrantes. La acción colectiva es la manera más efectiva que encuentran de mostrar su disconformidad con la situación política y social en España, y así además hacer frente a programas televisivos como *Españoles por el mundo* (2009), que muestran una visión bastante distorsionada y edulcorada de la vida de los emigrantes españoles.

Abstract

Starting in 2008 and due to the economic crisis that undergoes in Spain, there are numerous cinematographic and literary productions that focus on the issue of the crisis, its development, and the effects that it has had on Spanish society. One of these productions in *Españoles en el exilio* (2017) by filmmaker Rubén Hornillo, a documentary in which the opinions and experiences of some Spanish citizens who are forced to go abroad, to the United States and to Jordan, are recounted first-hand, escaping from the economic crisis. This paper analyzes the precarious lives of those who decided to leave Spain, but continue with such precariousness abroad, and the difficulties they have to face in the country of destination. In addition, it is pointed out that those interviewed in the documentary, including Hornillo himself, are part of a new social class information that various academics, such as Guy Standing, call the precariat, since on the one hand they had a precarious life with no future in Spain, but now that they are abroad they continue to be part of the precariat, although this time as emigrants. Collective action is the most effective way they find to show their disagreement with the political and social situation in Spain, and thus also confront Spanish television programs such as *Españoles por el mundo* (2009), which show a rather distorted and sweetened vision of the life of the Spanish emigrants.

Con motivo de la crisis económica que azota a España desde 2008, prolifera la producción audiovisual que quiere mostrar, desde diferentes acercamientos y puntos de vista, cómo se ha desarrollado dicha crisis y los efectos que ha producido. Una de estas producciones es el documental *Españoles en el exilio* (2017) del director Rubén Hornillo, que muestra las opiniones y experiencias de un grupo de españoles que se ven obligados a marcharse al extranjero, en particular a Estados Unidos y a Jordania, escapando así de la crisis económica española y probando suerte en un país extraño para ellos ante la escasez de oportunidades en España. Cabe destacar que *Españoles en el exilio* es el debut de Rubén Hornillo como director de documentales de larga duración y que con él gana el premio al mejor documental nacional en Films Infest International Film Festival en 2018.

Españoles en el exilio presenta de primera mano las experiencias de los emigrados que huyeron de sus vidas precarias en España, pero que continúan con esta precarización en el extranjero. De este modo, Hornillo muestra a las personas que aparecen en el documental como parte de una nueva clase social en formación que diversos académicos, como Guy Standing, denominan el precariado, ya que por un lado tenían una vida precaria y sin futuro en España, pero ahora que están en el extranjero siguen formando parte del precariado, aunque esta vez como emigrantes. Esta pertenencia al precariado es debido a que existen millones de inmigrantes cualificados que se ven obligados a buscar y realizar trabajos que requieren menor cualificación. En este trabajo analizo las vidas precarias de aquellas personas que deciden marcharse de España debido a los efectos de la crisis económica y las dificultades a las que tienen que hacer frente en el país de destino. La acción colectiva es la manera más efectiva que encuentran de mostrar su disconformidad con la situación política y social en España, y así además hacer frente a programas televisivos como *Españoles por el mundo*, que muestran una visión bastante distorsionada y edulcorada de la vida de los emigrantes españoles.

El director de cine Rubén Hornillo es uno de los muchos jóvenes españoles que deciden marcharse de España para labrarse un futuro en el extranjero. A través de su documental, Hornillo quiere dar explicaciones y respuestas a los problemas de la crisis mediante la participación de expertos como la experta en estadística Amparo González Ferrer, el que fuera portavoz de *Juventud sin futuro* Ramón Espinar y el economista Santiago Niño Becerra[1]. Rubén Hornillo arguye que su documental "puede ser entendido como una reacción a *Españoles en el Mundo*, formal y moralmente se acercará al rigor y la honestidad de *Salvados*, al valor de producción de los trabajos de Michael Moore y a la cercanía de filmes como *5 Cámaras rotas* o *Ida y vuelta al infierno*"[2]. Entendemos que este documental defiende la figura del emigrante como parte del precariado dentro del contexto de la crisis y las dificultades que tiene que afrontar en el país al que decide marcharse. Frente a esta figura está la del emigrante que se muestra en los programas del estilo *Españoles en el mundo,* emitidos al comienzo de la crisis, en los que vemos que en un principio todo son facilidades y casi no tiene problemas para adaptarse al país e incluso para conseguir los permisos de trabajo y de residencia.

---

[1] Juventud Sin Futuro, fue un colectivo que desde abril de 2011 a marzo de 2017 protestaba por los efectos de la crisis y exigía soluciones. Los miembros del colectivo se negaban a tener que elegir entre no tener un trabajo, vivir de forma precaria o tener que exiliarse.

[2] http://www.spanishexile.eu/ruben-hornillo-2/. Consultada el 15 de noviembre de 2018.

El que se haga referencia en el documental a los emigrados al extranjero como "exiliados" surge a partir de la formación *Juventud sin futuro*, que aboga por denominar exiliados a los que se marchan, debido a que, tal y como define el término la Real Academia Española, un exiliado es un "expatriado, especialmente por motivos políticos"[3]. A pesar de que generalmente apliquemos el nombre de exiliados en España a aquellos que tuvieron que marcharse durante y después de la Guerra Civil española, numerosos emigrados de ahora afirman que son exiliados debido a las malas prácticas políticas llevadas a cabo en España, y, por tanto, ellos consideran que se han visto obligados a marcharse del país.

Son numerosas las entrevista que Hornillo concede para hablar sobre su documental. En la entrevista que aparece en el artículo "*Españoles en el exilio*: el documental que narra cómo 'nos echan a hostias'", Hornillo comenta que para poder terminar su proyecto le fue necesario pedir financiación en el extranjero, debido a que en España no había ayudas estatales ni subvenciones para un proyecto como el suyo[4]. En otra de ellas es la realizada por David Navarro, que aparece en la sección Tribus ocultas dentro del portal web de la cadena de televisión La Sexta, titulada "Yo sí soy una exiliada política, porque no puedo volver a España: allí no tengo trabajo". En ella, el director explica que hay dos tipos de emigrantes, los que han vuelto después de tres o cuatro años en el extranjero, y los que no vuelven, porque piensan que es muy difícil volver ya que deberían de empezar otra vez de cero en España[5]. La idea de no poder volver se hace evidente con la dificultad que tenían los exiliados españoles durante y después de la Guerra Civil. Muchos de ellos no pudieron volver hasta que en España se instauró una democracia. Por su parte, estos exiliados que se han tenido que marchar de España por motivos de trabajo solo podrían llegar a contemplar la vuelta a España si cambiaran las cosas tanto de

[3] http://dle.rae.es/?id=HFX08xS. Consultada el 15 de noviembre de 2018.

[4] https://www.eldiario.es/cv/Espanoles-exilio-documental-narra-hostias_0_355214633.html . Consultada el 20 de noviembre de 2018.

[5] https://www.lasexta.com/tribus-ocultas/cine-series/si-llevas-cinco-anos-fuera-de-espana-se-hace-imposible-regresar_201712045a2628c10cf2b410ea977856.html . Consultada el 20 de noviembre de 2018.

forma política como laboral. Por último, hay que destacar la aparición que hace Hornillo junto con Amparo González Ferrer, investigadora del CSIC, en el programa de televisión de Ana Pastor *El objetivo*, bajo el subtítulo #ObjetivoExiliados, en el que presentan su trabajo de investigación y donde Hornillo arguye el uso que hace de la palabra exiliado[6]. Se puede utilizar aquí la metáfora de la pescadilla que se muerde la cola en el sentido de que las personas entran en un círculo vicioso, que es el precariado, del que es casi imposible escapar, a menos que se cree, en términos marxistas, una conciencia de clase para sí.

Para el análisis de *Españoles en el exilio* este trabajo se divide en diferentes secciones. Por una parte, se analizarán las experiencias que tienen los exiliados sobre su vida en el extranjero, qué los ha llevado hasta allí y las condiciones en las que viven. Por otra parte, analizaremos la propia visión del director acerca de lo que le ocurre a él en su propia vida y cómo esto afecta a su propia experiencia en el extranjero. Por último, se analizan las opiniones que ofrecen los expertos en la materia de las consecuencias de la crisis, entre los que se incluyen a Amparo González Ferrer, investigadora del CSIC, el economista Santiago Niño Becerra, y Ramón Espinar, antiguo portavoz del colectivo *Juventud sin futuro* y antiguo secretario general de la formación política Podemos en Madrid[7]. La aparición de estas personas expertas es necesaria ya que no solo es importante escuchar las voces de las personas que sufren de primera mano las consecuencias de la crisis, sino también aquellas voces que apoyan y justifican sus comentarios.

Españoles en el exilio supone una contestación al tipo de programas que han proliferado en la programación televisiva en España. Nos referimos a los programas *Españoles en el mundo* y todos los otros "en el mundo"

[6]https://www.lasexta.com/programas/el-objetivo/noticias/que-sobres-espana-significa-que-hagas-falta-otro-lugar-mundo_2013102857271cd44beb28d44602b60b.html.

[7] El CSIC es el Consejo Superior de Investigaciones Científicas. Su aparición en el documental pretende explicar el flujo migratorio en España durante la crisis.

que cada cadena autonómica quiso explotar: *Andaluces por el mundo*, *Madrileños por el mundo*, *Castilla y León por el mundo*, *Castellano-manchegos por el mundo*, *Galegos no mundo*, *Valencians pel món* y *Afers exteriors*. En estos programas se presenta a un grupo de españoles que viven en una zona determinada del planeta y cuentan al espectador cómo llegaron y cómo es su vida allí. Esta vida siempre se muestra como placentera, cómoda y en la que nunca se cuenta si tuvieron que hacer frente a dificultades legales, de adaptación o de cualquier otra índole. También se transmite al espectador que la transición desde España a estos países ha sido muy fácil y cómoda, casi sin dificultades, lo cual dista mucho de la visión que nos transmite no ya solo Hornillo, sino el resto de los entrevistados. Podemos entender la necesidad que tiene la televisión de mostrar lo bien que viven los españoles en el extranjero como una medida que resta importancia al problema migratorio. Si bien desde el Gobierno se minimiza la magnitud de la emigración española desde el comienzo de la crisis de 2008, Amparo González Ferrer arguye que "es evidente que la emigración de españoles, sin ser masiva, está aumentando con y por la crisis. Y además que lo está haciendo a un ritmo muy superior al que sugieren las cifras españolas, que miden mal y con retraso esta emigración" (González Ferrer 16-17). Ahora bien, frente a las maravillas que cuentan programas como *Españoles en el mundo*, Hornillo siente la necesidad de contar su propia experiencia y es por ello por lo que, a diferencia de las entrevistas con el resto de entrevistados, él quiere mostrar al espectador el recorrido de sus experiencias personales justo antes de comenzar la crisis hasta el momento en que decide probar suerte en Estados Unidos. Todas estas vivencias muestran las dificultades por las que tienen que pasar los españoles que deciden probar suerte en otros lugares, cosa que no se muestra en los programas como *Españoles en el mundo*. Por ello, en este análisis contrastaremos las aportaciones que hacen los españoles en el programa *Madrileños por el mundo: Los Ángeles*, emitido el 1 de marzo de 2011 en la cadena de televisión Telemadrid y en *Españoles en el mundo: Jordania*, emitido el 10 de noviembre de 2009 en la cadena de televisión RTVE.

Españoles en el exilio comienza con una panorámica de seguimiento de un avión de la compañía aérea Iberia despegando, a la vez que una voz en off comenta que ningún país al que le está yendo bien pierde población. Como este es el caso contrario, que España no está yendo bien, pues es por eso por lo que pierde población. Este avión representa el flujo constante de españoles que se han marchado del país desde el comienzo de la crisis y que, hoy en día, se siguen marchando. Hornillo presenta a través de un montaje narrativo un pequeño adelanto de los eventos y entrevistas que el espectador va a poder ver a lo largo del documental. En este pequeño resumen se puede escuchar la afirmación que hace la política Marina del Corral sobre la salida de jóvenes españoles, que se debe a que "necesitan completar su formación y/o su experiencia, o por qué no decirlo, el impulso aventurero" (0:01:16). Frente a esta afirmación, la respuesta que dan los entrevistados es negativa, que ellos no son aventureros, y que muchos de ellos se marchan por falta de oportunidades, despidos laborales e incluso desahucios. Asimismo, se muestra una secuencia de la entrevista de Hornillo y Ramón Espinar en la que éste menciona que la situación que se vive ahora en España es, a modo de metáfora, como el personaje del folclore británico Robin Hood, pero al revés, y es que el dinero se lo están quitando a la gente para dárselo a los ricos, en vez de robarles a los ricos para dárselo a los pobres. Asimismo, Espinar hace alusión a Atila, rey de los Hunos, implicando que eso es lo ha hecho la oligarquía en España, ha arrasado con todo lo que había y ahora es imposible poder recuperarse. Siguiendo las ideas de Michel Foucault sobre los ciudadanos como sujetos biopolíticos, "estamos frente a una sociedad en cuya existencia hay fenómenos de subordinación y por lo tanto fenómenos de poder, y el problema va a ser simplemente saber cómo reglamentar el poder, cómo limitarlo dentro de una sociedad donde la subordinación ya actúa" (Foucault 305). Estas situaciones poco alentadoras a las que tiene que hacer frente la población, son fruto de las numerosas decisiones tomadas para abandonar la madre patria e intentar labrarse un futuro mejor en el extranjero, bajo un mismo lema 'no nos vamos, nos echan'. Este sentimiento de verse expulsados de España hace que los emigrantes se reapropien del término exiliados, siendo casi imposible la vuelta, a menos que cambie la situación política.

Los exiliados

La primera persona que aparece en el documental es Mari Carmen, una mujer de 46 años que ha perdido su trabajo y su casa. Lo único que le queda por hacer, a su entender, es marcharse e intentar labrarse un futuro en otro país. A diferencia de los otros emigrantes del documental, Mari Carmen decide marcharse a Jordania a través de una compañía británica, que le ha encontrado una posición como ama de llaves. Mientras escuchamos la voz de Mari Carmen, el espectador puede visualizar intertítulos que muestran, a través de gráficas y datos, lo que ha ocurrido en España debido a la crisis de 2008. El uso de estos intertítulos es necesario, ya que como afirman Louise Spence y Vinicius Navarro sobre los modos de representación en el género documental, "facts become evidence in response to particular questions or as needed by a particular argument or mode of storytelling" (Spence y Navarro 44). La propuesta por parte del Gobierno a la situación de desempleo de 2011 en adelante es ofrecer cursos de formación. Muchos de estos cursos están subvencionados por el SEPE (Servicio Público de Empleo), perteneciente al Ministerio de Trabajo, Migraciones y Seguridad Social, para una vez realizados poder buscar empleo. Pero Mari Carmen aclara que se trata de una trampa y explica que cuando van a una entrevista de trabajo, siempre les exigen tener experiencia. Estamos pues ante un paternalismo estatal que tan solo quiere mantener ocupados a los desempleados y es sabedor de que, sin experiencia, no se puede obtener un puesto de trabajo. Asimismo, Mari Carmen no puede permitirse pagar 300€ de seguro de coche, ni tampoco puede hacer frente a los pagos de la universidad de su hijo. La única ayuda que recibe es por parte de unos amigos, que le ofrecen su casa de campo para que pueda vivir allí. Este tipo de solidaridad, como ha defendido Jo Grady, es sintomático de la situación en la que se encuentran los integrantes del precariado debido a que hay un renacimiento de la solidaridad social (Grady 160-162). Ahora bien, la situación que vive Mari Carmen, junto con el trabajo que va a realizar en Jordania, dista mucho de lo que se muestra en el programa *Españoles en el mundo: Jordania.* En este episodio, con 3.5 millones de espectadores, se entrevista a un total de cinco madrileños, de los cuales tan solo uno menciona la crisis. Este es el caso de Omar, de madre española y padre palestino, que con un año su familia se muda a Jordania y en su adolescencia decide volver a España en plan aventurero. Cuando comienza la crisis se ve forzado a regresar a Jordania al no poder costearse su vida en España (0:16:00). Omar es el único que parece haber salido de España a la fuerza. Del resto de los entrevistados, una trabaja para la Comisión Europea, otra es Lectora de español en una universidad y otro es director del Hotel Intercontinental. Ninguno de ellos hace mención de que tuvieran que irse de España para huir de la crisis.

Con la canción *Looking For a New Job*, compuesta por Miguel Jiménez e interpretada por Despeinados de fondo, vemos imágenes de Rubén Hornillo con una cámara en mano. La cámara nos muestra imágenes del aeropuerto, aviones y maletas, todas ellas queriendo evocar a los españoles que se han marchado del país. Que aparezca Hornillo es un rasgo diferenciador del modo expresivo en el documental, donde "la presencia del cineasta, y su perspectiva, contribuyen a menudo de manera importante al impacto general de la película" (Nichols, *Introducción* 209). Es importante prestar atención a la letra de la canción en la que el cantante, hablando sobre España, se queja de que no es lugar para él, se tiene que marchar en búsqueda de trabajo (0:05:45). La letra aboga por la necesidad de marcharse ya que todo lo que ocurre en España (desempleo, recortes, etc.) invita a salir del país. El Reino Unido es uno de los principales destinos y de ahí que se haga uso, a modo de guiño, de un verso en inglés. A pesar de la salida de España, sí que se deja abierta la puerta para un posible regreso, un rinconcito de ilusión, buscando fuera un camino para volver, si las condiciones son las propensas para ello. Esto es justamente lo que le ocurre a Mari Carmen, que en el año 2017 regresa a España al conseguir un puesto de trabajo a jornada completa (aunque no sabemos las condiciones de este puesto de trabajo), para así poder estar cerca de sus hijos y de sus seres queridos. El hecho de que el documental omita las condiciones laborales con las que decide volver Mari Carmen, hace que nos planteemos que su regreso podría deberse a estar cerca de su familia, de su gente, con lo que, siguiendo la teoría de Foucault, "los lazos de la sociedad civil llevan a preferir quedarse en la propia comunidad, aun cuando se encuentre abundancia y seguridad en otra parte" (Foucault 299).

Los otros exiliados que se muestran en el documental son un grupo de españoles que se encuentran en Estados Unidos, como Rubén Hornillo, pero que no solo se dedican al mundo del cine, sino que entre ellos hay investigadores, trabajadores sociales e informáticos. Entre ellos están Lorena, una investigadora científica que trabaja para la universidad UCLA, y Manolo, un ingeniero informático, ambos vestidos con el color morado, color que usa la formación política Podemos y también el movimiento conocido como *Marea granate*[8]. Ambos mencionan que el año anterior a la entrevista habían estado viviendo en Suiza, tras lo cual Hornillo hace uso de un montaje paralelo que nos muestra primero una imagen de Suiza en blanco y negro. Aquí Hornillo hace un guiño a la emigración española de los años 60, que da paso a una imagen en color en la que aparece un tranvía como símbolo del flujo migratorio. El dato de que Lorena y Manolo han vivido en Suiza es destacable, ya que ellos fundaron el primer Círculo de la formación política Podemos en Zúrich para "intentar primero ponernos al día con la situación en España y en la medida de lo posible al cambio" (0:30:44). Una vez que emigran a Los Ángeles también fundan el primer Círculo de la formación política en esa ciudad[9]. El que quieran participar de manera activa en la política es clave para poder luchar por el cambio ya que, como explica Michael Janoschka, "una ciudadanía activa así considerada se basa entonces en la necesidad de crear o

[8] La marea granate queda definida por "un movimiento transnacional, apartidista y feminista formado por emigrantes del Estado español y simpatizantes, cuyo objetivo es luchar contra las causas y quienes han provocado la crisis económica y social que nos obliga a emigrar". https://mareagranate.org/manifiesto/. Consultada el 1 de abril de 2019.

[9] Los Círculos de la formación política Podemos son unas agrupaciones voluntarias que confluyen por el cambio en la política española, sustentándose en la democracia y en la participación. Hay dos tipos de Círculos: los territoriales (del mismo territorio) y los sectoriales (de la misma categoría profesional).

generar espacios sociales donde es posible reclamar la posibilidad de participación y de cuestionar los paradigmas hegemónicos" (Janoschka 129) y esto lo consiguen a través de la formación de los Círculos.

Esta mención a la ciudadanía activa representa que el activismo es la única manera que tiene el precariado para poder llegar a ser, en términos marxistas, una clase para sí, por lo que debe movilizarse contra cualquier poder hegemónico. Cuando Lorena explica qué es lo que están haciendo en Los Ángeles, menciona que se juntan con otros exiliados políticos, a lo que Manolo le contesta que no son exiliados políticos, sino exiliados por la política. Manolo aclara que cuando Franco llega al poder, los que se van lo hacen por estar en la oposición, mientras que los que se van por culpa de la crisis lo hacen por falta de oportunidades y de futuro. En palabras de Manolo: "una cosa es que tú elijas voy a vivir unos años en Los Ángeles y otra cosa es que no veas la posibilidad de volver. Se vive muy bien, pero en principio, tú sales temporalmente, no sales para no volver. Y es duro, poco a poco acostumbrarte a la idea de no tener futuro en España" (0:31:45). Si bien Lorena alienta a todos aquellos que se dedican a la investigación científica en España a que salgan del país, avisa que tienen que hacer frente a dificultades burocráticas. A esto hay que añadirle además que el discurso contra los inmigrantes que se hace desde el poder no ayuda a su situación como tales. Como señala Guy Standing sobre algunas de las dificultades que tienen los inmigrantes, en muchas ocasiones "gran parte de los inmigrados actuales no llegan nunca a alcanzar los derechos plenos de ciudadanía que tienen los nacionales locales, quedando estancados en el estatus de 'residentes acogidos' y perdiendo además los que tenían en su país de origen" (Standing 156).

Si tenemos en cuenta la situación de los entrevistados que viven en Estados Unidos, ninguno de ellos posee lo que se conoce con el nombre de Green Card, permiso de residencia permanente, con lo que no pueden votar ni en las elecciones estatales ni generales, viéndose relegados a ser 'residentes acogidos'. Lo que sí pueden hacer es votar en las primeras elecciones que se hacen en España desde la crisis. Es de vital importancia recalcar la importancia del voto que tendrían las personas que viven fuera de su país. Para poder votar desde el extranjero, los españoles residentes en el exterior se ven obligados a "rogar" su voto, es decir, deben de expresar por escrito que desean recibir las papeletas electorales para poder votar[10]. Desde el documental se denuncia que a ninguno de los entrevistados ni a sus conocidos les llegan las papeletas para poder votar. Es más, el documental muestra al propio Hornillo yendo a recoger las papeletas a una oficina de correos en Estados Unidos y se puede ver que las papeletas le llegaron muy tarde. Se podría discutir si eso se ha podido hacer de forma voluntaria o si se debe tan solo a un error casi sin importancia. Lo que no se muestra en el documental, que sí es necesario mencionar, es que tan solo aquellas personas que están registradas en los consulados de España en el extranjero pueden pedir el mencionado "voto rogado". Aquellos que viven en el extranjero, pero que no están registrados en los consulados, no son considerados españoles residentes ausentes. Esto es importante ya que muchos españoles deciden no registrarse en los consulados debido a que, como menciona Amparo González Ferrer,

> la inscripción apenas conlleva beneficios [...] en primer lugar, es necesario desplazarse a la ciudad donde se encuentre el consulado, que puede estar a cientos de kilómetros de donde vive el emigrante y, en muchos casos, solo abre por las mañanas. Y, en segundo lugar, la inscripción como residente en el extranjero conlleva tu baja en el Padrón de España, por lo que no tendrás médico de cabecera al que acudir cuando regreses de visita (si lo haces). No podrás seguir inscrito como posible beneficiario de una vivienda de protección oficial, ni tampoco podrás votar en las municipales de tu pueblo o ciudad. (González Ferrer 4)

[10] El voto rogado se aprueba en el año 2011 tras el pacto entre el Partido Socialista Obrero Español y el Partido Popular, con el apoyo de Convergencia i Unió, en el que se aumenta el número de trámites para poder votar desde el extranjero.

Así pues, el "voto rogado" debe de ser entendido como una manera por parte de los gobernantes de poner a los emigrados en una encrucijada en la que deben de elegir entre seguir manteniendo los mismos derechos que cuando vivían en España o ejercer el derecho a voto. Dentro del propio documental se puede ver un plano general del grupo de españoles en Los Ángeles que se encuentran reunidos en una casa para ver las noticias sobre los resultados de las elecciones generales y en el televisor aparece la figura de Pablo Iglesias, secretario general de Podemos. Iglesias menciona los votos conseguidos en esas elecciones y hace un guiño a los españoles que viven en el extranjero "a pesar de las dificultades que han tenido los exiliados para poder votar" (0:36:30). Con los resultados conseguidos en las elecciones de 2015 se logra acabar con el bipartidismo en España, tras lo cual se ve en pantalla al grupo de españoles celebrando este resultado. Ahora bien, casi medio año después, y con España sin seguir teniendo un gobierno formado, se vuelven a realizar elecciones. Esta vez los resultados de Podemos no son ni buenos ni los esperados. Lorena hace una dura lectura sobre los resultados de las elecciones y señala que lo que quieren los españoles es que les sigan robando. Su pareja Manolo contesta que

> no quieren eso; si tú le preguntas a alguien si quieren que les robe te van a decir que no quieren que les roben, pero cuando les das la elección de una persona que te roba u otra persona que te va a traer a Venezuela, que te va a quitar tus propiedades, y va a implantar el comunismo, va a matar a los homosexuales, porque en Irán matan a los homosexuales… y si te ponen esos ejemplos, ¡coño qué chungo!, ¿no? ¡Prefiero que me roben! (0:38:44)

Ambos coinciden en que no hay vuelta atrás, pero piensan que si Podemos hubiera ganado habría quizá aún una esperanza para el cambio. Señalo que la voluntad de Lorena y de Manolo no es que haya una revolución ideológica, sino que cambien las preferencias sobre las necesidades de la gente. Desde el surgimiento de Podemos, los partidos opositores (PP, PSOE y Ciudadanos) a esta formación, al igual que muchos medios de comunicación, se encargan de repetir la supuesta relación de los líderes de Podemos con el gobierno de Venezuela. Asimismo, recalcan que forman parte de una izquierda radical -ya que muchos de los miembros de Podemos forman el partido después de haber militado en Izquierda Anticapitalista, -y hasta incluso relacionan al partido con el régimen en Irán. Esta táctica por parte de los partidos políticos antes mencionados fuerza a la sociedad a posicionarse políticamente, por lo que, como opina Amador Fernández-Savater

> se escenifica un conflicto permanente en el que estamos invitados a tomar partido: PSOE o PP, izquierda o derecha, capitalismo ilustrado o capitalismo troglodita, 'las dos Españas'. Esa polarización organiza nuestro mapa de lo posible. Se puede hablar sobre el nacionalismo, la lengua o el laicismo, pero no se puede hablar sobre la precariedad, los desahucios y las hipotecas consiguiendo así desviar su atención sobre lo que realmente está pasando en el país (Fernández-Savater 668).

Por otra parte, además del grupo de españoles en Los Ángeles, es entrevistada Carmen, una española residente en San Francisco. Mediante la voz en off de la propia Carmen, el espectador puede ver los diferentes lugares donde trabaja y colabora: trabaja de forma esporádica en un hotel realizando el servicio de limpieza, y también trabaja para una distribuidora de juguetes para adultos y de marihuana medicinal. Carmen se considera una trabajadora autónoma y explica las diferencias entre ser autónomo en Estados Unidos y España, asegurando que en Estados Unidos tan solo basta con tener una idea, formalizar la empresa y al final del año fiscal hacer la declaración de la renta (0:59:52). Esto dista mucho de las condiciones en las que se encuentran las personas autónomas en España. Cualquier autónomo en España debe de darse de alta en Hacienda y luego debe pagar el IRPF (Impuesto sobre la Renta de las Personas Físicas), el IVA (Impuesto sobre el Valor Añadido) y el Impuesto de Sociedades (este último únicamente si ejerce su actividad con una sociedad mercantil). Además, tiene que darse de alta en la Seguridad Social y pagar una cuota de autónomo fija mensual, sin importar los ingresos que se tengan[11]. Es decir, un autónomo en la España de la crisis tiene muchas dificultades para poder continuar con su negocio y en muchos casos es muy posible que acabe endeudándose al no poder hacer frente a los pagos. A pesar de ser autónoma y tener más facilidades para serlo que en España, Carmen se ve obligada a trabajar en otros muchos lugares para poder llegar a fin de mes. Standing señala que el que alguien desempeñe diversos empleos a tiempo parcial es señal de su pertenencia al precariado, ya que se ve obligado "a realizar de forma insegura tareas que difícilmente [lo] ayudarán a construirse una identidad o una carrera deseable" (Standing 40).

La crisis económica rompe todos los esquemas que tiene planteados Carmen. Menciona que era consciente de que el mercado de la vivienda estaba a punto de explotar. Tanto ella como sus compañeros de trabajo no pensaban que les llegaría a afectar también en el plano personal, pero la crisis le conduce incluso a no tener acceso a cosas de la vida cotidiana, ni siquiera para cubrir sus necesidades mínimas. Para Carmen, esta situación destruye su vida ya que pierde su casa, y es por ello por lo que acaba tomando la decisión de marcharse del país a principios de 2012. Aquí se produce un montaje dialéctico en el que Carmen recrimina ante la cámara que en España parece como que hubiera que dar las gracias por vivir en la austeridad y conformarse con que haya desahucios y los trabajos sean poco renumerados. Mientas se escuchan sus palabras se puede ver en pantalla imágenes de protestas contra los desahucios y el uso de la fuerza por parte de las fuerzas de la seguridad del Estado para intentar llevar a cabo los desahucios. Ante la pregunta acerca de lo que es España para ella, Carmen responde que España es "mi casa, es mi tierra, y es donde está mi verdadero hogar [...] es un lugar para volver de vacaciones, tristemente" (1:07:00). En una época de crisis, la relación entre trabajos

[11] http://www.mitramiss.gob.es/es/Guia/texto/guia_2/contenidos/guia_2_6_3.htm. Consultada el 29 de marzo de 2019.

poco renumerados, la pérdida de empleo, la incapacidad de hacer frente al pago de la hipoteca y los desahucios es clara. Bill Jordan sugiere que este tipo de situaciones se producen debido a que los gobiernos rescataron a los bancos con dinero público en vez de ver la posibilidad de "reconsider their roles in labour markets and income security" (Jordan 14). El modelo neoliberal es culpable de ello ya que, a más demanda, los empleadores pagan menos a los nuevos empleados, viéndose estos últimos obligados a aceptar menores sueldos para poder pagar sus gastos. Aquellos que no pueden hacer frente al pago de la hipoteca, como es el caso de Carmen, se ven abocados a que se les desahucien de sus viviendas. La situación que vive Carmen dista mucho de los relatos que se escuchan en el programa de la cadena de televisión Telemadrid *Madrileños por el mundo: Los Ángeles.* En este programa, emitido el 1 de abril de 2014, se nos presenta a una serie de personas que en ningún momento comentan si han tenido algún tipo de dificultad, como inmigrantes, en Estados Unidos. Más bien ocurre lo contrario, todos tienen muy buenos empleos, viven en casas lujosas y parece que solo han tenido facilidades. Una de las entrevistadas, Teresa, afirma que en Estados Unidos todo es más fácil, como obtener el carné de conducir, el salario es más alto e incluso si alguien es bueno en algún deporte puede obtener una beca para estudiar gratis en una universidad americana, pero está claro que ese tipo de facilidades no son para todas las personas (0:02:00). Cabe recalcar que Teresa, al igual que otros de los entrevistados en este programa, está casada con un estadounidense, lo cual facilita y agiliza la posibilidad de conseguir la residencia y también la ciudadanía. Si por el contrario no se está casado con alguien nativo del país, como veremos en el caso de Rubén, hay que hacer frente, como señala Alex Foti, a las medidas que implementan los gobiernos, no ya solo el gobierno de Estados Unidos sino de otros muchos que endurecen las condiciones para ser un inmigrante legal (Foti 37-38).

Como se puede ver al final del documental, Rubén hace un pequeño resumen de cuál es la situación en la que se encuentran los exiliados entrevistados en la actualidad y, en el caso de Mari Carmen, ella es la única que regresa a España al haber conseguido allí un empleo. El que los emigrados a Estados Unidos no vuelvan a España, y el que Mari Carmen decida volver puede tener varias lecturas. Por un lado, que la situación en Jordania no sea la más apropiada para Mari Carmen y por eso quiere intentar regresar a España, aunque también puede ser importante que sus hijos estén en España y quiera estar cerca de ellos. A esto también hay que añadirle la diferencia de edad que hay entre el grupo de españoles que hay en Estados Unidos y Mari Carmen. Ahora bien, no se debe de dejar de lado las condiciones en las que viven los españoles en Estados Unidos y por qué deciden no volver a España. Creo que es importante hacer hincapié en que a pesar de las dificultades a las que se enfrentan los españoles en Los Ángeles, les hacen frente, ya que quieren optar a unas oportunidades que en España no se les brinda. Incluso habría que destacar el caso de Carmen, la mujer que vive en San Francisco, que está separada de su hija, la cual vive con su abuela, y a la que hace tiempo que no ve. La vida idealizada que aparece en programas como *Españoles en el mundo*, que en muchos casos parecen tener un diálogo muy marcado y predeterminado, dista mucho de los diálogos y respuestas sinceras que hemos podido ver que dan los entrevistados en *Españoles en exilio.*

Rubén Hornillo

Una vez que Hornillo presenta al espectador la vida de Mari Carmen, decide que es el momento de presentarse a sí mismo mediante el uso de una voz en off. Se define a sí mismo como español y joven, mientras que ofrece la visión que algunas personas tienen de él: "un aventurero, otros dicen que no tengo futuro, y otros dicen que tengo tres salidas, por tierra, mar y aire" (0:06:40). Rubén nos presenta su propia historia de vida a la vez que se hace preguntas sobre cómo ha llegado a la situación de crisis en España y su propia salida de España. Pienso que el documental de Hornillo también podría enmarcarse en el modo reflexivo, en el que el cineasta se compromete con el espectador, "hablando no solo del mundo histórico, sino también acerca de problemas y preguntas al presentarlo" (Nichols 221).

Como otros muchos jóvenes españoles, Hornillo se encuentra en una encrucijada ante la cual debe decidir qué hacer con su vida. Como vía de escape, decide optar por la tercera opción mencionada anteriormente, salir por aire. A pesar de que se pueda pensar que la decisión de salir de su propio país pueda ser dura de tomar, Hornillo explica que, en su propia familia, "la emigración y el exilio corren por sus venas desde hace varias generaciones" (0:07:05). Su madre es cubana, sus abuelos son jamaicanos y catalanes, e incluso menciona un tatarabuelo que es chino. Es consciente de no saber los motivos por los que sus antepasados decidieron emigrar, pero sí sabe cuáles fueron los suyos: la falta de oportunidades. Asimismo, ante la indiferencia por parte de los gobernantes, Hornillo afirma que "el gobierno del PP, lejos de preocuparse de cada español que se sube en un avión para no volver, se relaja. Al fin y al cabo, es un número menos en la cola del paro" (0:08:08). Hornillo quiere transmitir que, al no verse un aumento en el número de desempleados en España, ya que son muchos los que deciden marcharse al extranjero, parece como si la situación de crisis no fuera en aumento. La falta de oportunidades y el posicionamiento de los gobernantes españoles ante este flujo de jóvenes que deciden marcharse, son piezas claves para entender el estudio de Ana María Rubio Castillo. Su estudio analiza la emigración de los jóvenes españoles en el contexto de la crisis y, para ello, tiene en cuenta el perfil socioeducativo de éstos y pretende conocer sus expectativas formativas, económicas, profesionales y vivenciales. En el estudio se tiene en cuenta que

> elementos subjetivos como el futuro económico de España y la percepción de la situación actual del país, inciden fuertemente en la evaluación del proyecto migratorio -tanto para quienes estudian en el extranjero como para quienes planean hacerlo-, apreciándose como una oportunidad y como una situación relativamente normalizadora (Rubio Castillo 105).

Como mencionábamos anteriormente, el proceso migratorio de Hornillo comienza en el año 2009, cuando se marcha a Corea del Sur para acabar sus estudios e intentar convencer a alguna escuela de cine de Hollywood, para que le aceptase para realizar estudios de postgrado allí. Hornillo señala que, de todos sus compañeros que se graduaron al año anterior al suyo, ninguno está trabajando y que casi todos están cursando estudios de postgrado. González Ferrer señala que entre "el porcentaje de jóvenes españoles a los que les gustaría marcharse a trabajar a otro país europeo es sistemáticamente mayor entre los que tienen estudios superiores que entre el resto" (González Ferrer 13). Se estaría aludiendo a lo que conocemos como "fuga de cerebros", es decir, aquellos jóvenes españoles altamente cualificados que, por falta de oportunidades en España, deciden marchar al extranjero y se plantean la posibilidad de no regresar. A esto también hay que añadirle la importancia de las redes sociales, a través de las cuales Hornillo contempla que cada semana alguno de sus amigos decide marcharse de España. Pero lo que más le indigna a Hornillo son las cargas policiales ocurridas el 25 de septiembre de 2012 tras la manifestación que llevaba por nombre Rodea el Congreso[12]. Estas cargas le llevan a querer realizar este documental y es que arguye que "no nos vamos, nos echan, a hostias" (0:28:48). Giorgio Agamben argumenta que el Estado hace una "justificación de la violencia" (Agamben 49) cuando ésta se ejerce por parte de las fuerzas de seguridad del Estado para acallar las protestas y así poder volver a un estado de normalidad. Es decir, para asegurarse que no se rompe el *statu quo*, el Estado hace uso de todos los mecanismos a su disposición para frenar cualquier tipo de protesta.

Por tanto, la producción de *Españoles en el exilio* es un pequeño granito de arena que aporta Hornillo como apoyo a las protestas que están ocurriendo en España y como muestra de inconformismo frente al abuso de poder. Creemos que es significativo que el nombre de la productora de Hornillo sea *Yo creo content.* Hornillo forma parte de la generación más

---

[12] El 25 de septiembre de 2012 se convoca en Madrid una manifestación para protestar contra la Ley Mordaza y rodear el Congreso de los Diputados de España. El resultado de la manifestación es conocido por las duras cargas policiales que dejaron un resultado de 35 detenidos, 37 manifestantes heridos y 27 agentes heridos. https://15mpedia.org/wiki/25S_Rodea_el_Congreso. Consultada el 1 de abril de 2019.

formada académicamente para hacer frente a las exigencias laborales del siglo XXI y se ve obligado a marcharse de España para labrarse un futuro mejor. Mediante el uso del nombre de la productora se quiere dejar bien claro que tanto él, como muchos de los miles de españoles que se encuentran en el extranjero, son creadores de contenido. Un contenido, en el caso de *Españoles en el exilio*, pedagógico, que quiere mostrar y concienciar sobre la realidad que afrontan los que se marchan y cuáles son sus expectativas de cambio para España.

Para transmitir la imagen que se quiere mostrar de los españoles que viven en el extranjero, Hornillo decide contar al espectador las dificultades por las que ha tenido que pasar él mismo junto con su pareja, Elena. Entre algunas de estas dificultades cabe destacar que mientras Elena trabaja como niñera una media de 50 horas a la semana y más tarde corre peligro de ser deportada al ser despedida de la escuela donde luego trabaja, Rubén sufre fraude de identidad. En el plano profesional, Hornillo tiene dificultades para encontrar maneras de financiar su proyecto: intenta hacerlo mediante la plataforma de *crowfunding* española Verkami, lo publicita en redes sociales e incluso hay una productora española que se pone en contacto con Hornillo para financiar el proyecto. Al final no se llega a ningún lado debido a que "algunos tildaron de excesivamente político y deprimente" (0:40:40) el proyecto, por lo que la productora no llega a conseguir la financiación, ni tampoco subvenciones. Frente a todas las dificultades que hace frente Rubén tenemos el caso de Curro, Cristal y Bruna que aparecen en el programa *Madrileños por el mundo: Los Ángeles*. Curro es el director creativo en una empresa de publicidad y todas las mañanas practica surf antes de ir a trabajar. Por su parte Cristal, con tan solo 29 años, ya ha montado su propia empresa de traducción e interpretación en la que tiene 120 trabajadores. Como ella misma señala, le ha sido fácil abrir su propio negocio ya que ha conseguido la ciudadanía mediante su esposo estadounidense. Por último, está Bruna, presentadora, actriz y dueña de un estudio de cine, la cual tiene claro que no quiere conducir y para ello siempre utiliza a su chófer.

Los expertos

Rubén Hornillo hace uso de las opiniones de tres expertos. La primera es Amparo González Ferrer, que analiza el flujo migratorio de la emigración española. El segundo es Santiago Niño Becerra, que presenta la situación de crisis en la que se encuentra el país, cómo afecta a la sociedad y el panorama de lo que él cree que va a ocurrir. Por último, Ramón Espinar, que analiza la situación de la generación más afectada por la crisis. La aparición de expertos es necesaria, ya que aportan respuestas a las preguntas que se formulan los emigrados y cohesionan las demandas que tienen sobre la situación política y social en España.

Para llegar a conocer el número de españoles que se han marchado de España a lo largo de la crisis económica, Hornillo cuenta con las investigaciones de González Ferrer, investigadora del CSIC. González Ferrer explica que las cifras que muestran las encuestas oficiales nacionales distan mucho de la realidad frente a las encuestas que ofrecen otros países como Francia o Reino Unido. A pesar de que los datos que ofrece el INE no son una estimación, sino que son una medición real, González Ferrer menciona que hay problemas de medición porque "el método que se utiliza para medir deja fuera a mucha gente que desde el punto de vista tanto demográfico como sociológico consideramos migrantes, pero que la estadística como está diseñada no captura porque está basada en un registro en el no todo el mundo se apunta" (0:08:55)[13]. Por eso existe una dificultad en concretar el número de personas que se han marchado de España al comparar los resultados que puede ofrecer el INE con las cifras que brindan países como Alemania y Reino Unido (cifras que proporcionan ellos mismos). Según el INE, las personas que se fueron desde el comienzo de la recesión (2008-2013) fueron 39.912. González Ferrer afirma que "las fuentes españolas subestiman sustancialmente la emigración de españoles al exterior. Es más probable que la cifra se acerque a las 700.000 personas

[13] El INE es el Instituto Nacional de Estadística de España.

entre 2008 y 2012 que a las 225.000 estimadas por fuentes oficiales" (González Ferrer 2). Hace pues hincapié en que INE deja fuera a todas aquellas personas que no han nacido en España, que para ella es esencial tenerlos también en cuenta. Al combinar tanto a nacidos en España como a ciudadanos naturalizados, se hace ver que ambos grupos sienten la necesidad de marcharse. Estas cifras son aún más preocupantes cuando se desconocen los motivos por los que estas personas se han marchado de España.

Este desconocimiento de los datos reales acerca del número de españoles que se han marchado es significativo, ya que el Gobierno no quiere reconocer que hay un gran número de ciudadanos que deciden irse del país. Hornillo le hace la pregunta a González Ferrer de por qué importan tanto las cifras, a lo que ella le responde que "en general, sabemos que los países que van bien nunca pierden población. Cuando un país va bien, generalmente la recibe" (0:11:08). Pensamos que este es un dato importante a la hora de poder elegir a los políticos que queremos que nos gobiernen, por lo que tener acceso a los datos que propone González Ferrer sirve para evaluar el trabajo que están haciendo los políticos y por ejemplo evaluar "las políticas y las consecuencias que determinadas decisiones tienen sobre el nivel de vida" (0:11:35). La sociedad debe de ser conocedora de los datos reales y no solo de los que se ofrecen como datos oficiales. Si tenemos en cuenta los datos reales que incluyen, como señala Manuel Castells, "los despidos, aumento del paro, reducción salarial y recortes masivos de servicios sociales, coexistiendo con ganancias sin precedentes para el sector financiero" (Castells 128), podemos apreciar qué se ha hecho y qué no, y qué se podría hacer para cambiar la situación.

Además, la sociedad se daría cuenta de que por estas razones muchos españoles deciden comenzar una nueva vida en otro lugar, al igual que hizo una generación previa en los años 60. Ahora bien, a pesar de que las diferencias entre ambas migraciones son cuantitativas, González Ferrer arguye que son psicológicamente parecidas, ya que los españoles que se marchan tienen el

> deseo de mejorar, de contribuir a la estabilidad familiar, tener un futuro y las penurias por las que pueden pasar en destino cuantitativamente son distintas porque el grado de desarrollo que tanto España como los países a los que estamos yendo han alcanzado es muy diferente. Pero digamos que psicológica o emocionalmente tienden a ser parecidas, ¿no? La sensación de fracaso, de tener que abandonar tu país sin desearlo, de separarte de los tuyos, de incertidumbre respecto al futuro. (0:12:38)

Los integrantes del precariado viven con una ansiedad que está reflejada en la dificultad para la toma de decisiones sobre si quedarse en España o probar suerte en el extranjero. El miedo al fracaso genera un sentimiento por el cual los miembros del precariado, como señala Jon-Arild Johannessen, "feel frustrated, alienated and angry" (Johannessen 45).

Por otro lado, Hornillo busca la respuesta a la pregunta de por qué en España es tan difícil encontrar un puesto de trabajo y la encuentra de mano del economista Santiago Niño Becerra. Hornillo menciona que uno de los grupos que más está protestando es Juventud sin futuro, del cual hablaremos más adelante, y Niño Becerra arguye que no es que la juventud no tenga futuro, sino que no va a tener un futuro como el que se imaginaba. Para explicar esto, compara la proyección de los jóvenes durante dos épocas totalmente distintas, una generación perteneciente a los años 50 y otra de aquellos que han nacido a mediados de los años 80. Las expectativas para un joven en 1950 eran extraordinarias, mientras que para el que nace a mediados de los años 80, a pesar de ver crecer su proyección del año 2002 al 2007, ésta se acaba bruscamente en el 2008. Mientras vemos un plano general de un hombre buscando en un contenedor de basura, Niño Becerra arguye que la parte baja de la sociedad no va a ser necesaria, y que incluso parte de la clase media tampoco. Por eso, para Niño Becerra el concepto que conocemos bajo el nombre de *renta básica* debe ser cambiado por el de *subsidio de subsistencia*, ya que con él tan sólo se tiene lo más básico para poder subsistir[14]. Al dar a la población lo justo para que pueda vivir, se crea una situación de estabilidad en la que no se quejará. La visión de futuro de Niño Becerra para aquella persona nacida entre el 85 y el 95 es clara, si en tres meses no ha encontrado trabajo en España, es mejor que comience a buscarlo fuera ya que, a su modo de ver, es imposible volver a la situación económica de 2006.

A esta afirmación de que al año 2006 no se va a volver nunca, se le une la entrevista que hace Hornillo a Ramón Espinar, que fue portavoz de *Juventud sin futuro* y más tarde sería secretario general de la formación política Podemos en Madrid. La participación de Hornillo en estas entrevistas hace que se destaque la centralidad del testimonio, lo cual es una característica del modo participativo en el documental. En este modo

> como espectadores, tenemos la sensación de que somos testigos de una forma de diálogo entre el documentalista y el sujeto, que hace hincapié en el compromiso ubicado, la interacción negociada y el encuentro cargado. [...] A menudo, de hecho, este modo demuestra cómo lo personal y lo político se entretejen. (Nichols 214)

En el diálogo que mantienen Hornillo y Espinar, el primero formula la pregunta sobre si no piensa *Juventud sin futuro* que el nombre elegido para su formación es demasiado exagerado. A esta pregunta Espinar arguye que

> por primera vez en muchísimo tiempo, por primera vez desde que se recuerda en España, somos una generación que, no solo ya no espera vivir mejor que sus padres, sabe que va a vivir peor. En España ya una de

[14] La renta básica puede quedar definida por "una asignación monetaria pública incondicional a toda la población" http://www.redrentabasica.org/rb/que-es-la-rb/. Consultada el 2 de abril de 2019.

> cada cinco personas es pobre, está por debajo del umbral de la pobreza. En España ya hay trabajadores cuyo salario no les saca de la pobreza. Ser trabajador no te garantiza dejar de ser pobre. En España hay un 57% de desempleo juvenil. Yo creo que esto no es pasarse, creo que somos la generación sin futuro. (0:48:00)

De acuerdo con Alex Foti sobre cuál debe de ser la postura de la juventud ante sus perspectivas de futuro, ésta "must become the voice of the people, and articulate a global project that pragmatically addresses the basic needs unanswered by the terminal crisis of neoliberalism" (Foti 106), es decir, no esperar en vano a que el gobierno le de soluciones. Si bien los gobiernos tienen en sus manos el poder cambiar la situación o al menos intentar cambiarla de alguna manera, no lo hacen debido a que tienen las manos atadas al ser empresas privadas y bancos los que han financiado sus partidos. Espinar menciona el caso de la formación PSOE, la cual tras muchos años diciendo que la Constitución española era inamovible, realiza un cambio legal en el artículo 135 el 27 de septiembre de 2011. Tras este cambio, el pago de la deuda que tiene España está por encima de los servicios públicos y los derechos de los ciudadanos[15]. Muchos millones de euros se utilizan para rescatar a los bancos españoles y así intentar mantener a flote la economía, pero cuando estos obtienen beneficios, no están obligados a devolver ese dinero, dando así paso a una redistribución inversa de la renta. Tras el *crash* del sistema financiero, los gobiernos de los países ricos tuvieron la oportunidad para reducir la desigualdad entre sus ciudadanos. Sin embargo, lo que ocurrió fue lo contrario, es decir, mientras los bancos fueron rescatados, se incrementaron los recortes sociales.

Frente a los relatos que aparecen en programas televisivos como *Españoles en el mundo*, Hornillo nos presenta en su documental los de uno de los grupos del núcleo del precariado, como son los inmigrantes. Si bien

[15] http://www.congreso.es/consti/constitucion/indice/titulos/articulos.jsp?ini=135&tipo=2. Consultada el 3 de abril de 2019.

desde el gobierno se pretende restar importancia a que un número de españoles mucho mayor que el de las cifras oficiales se ven obligados a salir del país, *Españoles en el exilio* cobra una gran importancia, ya que pretende transmitir las vivencias y dificultades a las que tienen que hacer frente aquellos que se marchan para buscar un futuro mejor. Es por ello por lo que documentales como el de Hornillo desempeñan, siguiendo las palabras de Michael Chanan, "una función social de valor incalculable en un espacio público degradado y manipulado por el impulso antidemocrático que gobierna los medios de comunicación de masas" (Chanan 92-93). Esto queda demostrado por los comentarios públicos que hacen miembros del gobierno cuando se refieren a los emigrantes españoles. La única manera de que se pueda cambiar esta situación es crear conciencia de clase, siendo un ejemplo de ello la formación de colectivos, tanto a nivel nacional como internacional, como son los Círculos de la formación política Podemos.

Bibliografía

Agamben, Giorgio. *Homo Sacer: el poder soberano y la nuda vida I*. Valencia: Pre-Textos, 1998.

Castells, Manuel. *De la crisis económica a la crisis política: una mirada crítica*. Barcelona: La Vanguardia Ediciones, 2016.

Chanan, Michael. "El documental y el espacio público". Archivos de la Filmoteca Valencia, vol. 1, no. 57, 2007, pp. 68-99.

Españoles en el exilio. Dir. Rubén Hornillo. Yo Creo Content, 2017.

Fernández-Savater, Amador. "El nacimiento de un nuevo poder social". *Hispanic Review*, vol. 80, no. 4, 2012, pp: 667-681.

Foti, Alex. *General Theory of the Precariat: Great Recession, Revolution, Reaction*. Amsterdam: Institute of Network Cultures, 2017.

Foucault, Michel. *Nacimiento de la biopolítica: Curso del Collège de France (1978-1979)*. Madrid: Akal. 2016.

González Ferrer, Amparo. "La nueva migración española. Lo que sabemos y lo que no". *ZOOMPolítico*, vol. 18, 2013, pp. 1-20.

Grady, Jo. "Review". *Precariat: Labour, Work and Politics*, editado por Matthew Johnson. Routledge, 2015, pp. 159-162.

Janoschka, Michael. "Geografías urbanas en la era del neoliberalismo. Una conceptualización de la resistencia local a través de la participación y la ciudadanía urbana". *Investigaciones Geográficas, Boletín del Instituto de Geografía, UNAM*, vol. 76, 2011, pp. 118-132.

Johannessen, Jon-Arild. *The Workplace of the Future: The Fourth Industrial Revolution, the Precariat, and the Death of Hierarchies*. New York: Routledge, 2019.

Jordan, Bill. "Authoritarianism and the precariat". *Global Discourse*, vol. 3, no. 3-4, 2013, pp. 388-403.

Nichols, Bill. *Introducción al documental. Coyoacán*: Universidad Nacional Autónoma de México. 2013.

Rubio Castillo, Ana Mª. "La emigración de los jóvenes españoles en el contexto de la crisis. Análisis y datos de un fenómeno difícil de cuantificar". *Metamorfosis*, vol. 1, 2014, pp. 101-105.

Spence, Louise y Vinicius Navarro. *Crafting Truth: Documentary from and Meaning.* New Brunswick, Rutgers University Press, 2011.

Standing, Guy. *El precariado: una nueva clase social.* Barcelona: Ediciones Pasado y Presente. 2013.

Del campo agrícola al campo deportivo: Análisis de la representación de los mexicoamericanos y su integración a través del deporte en *McFarland, USA* (2015)

Bruno Nowendsztern
Arizona State University

Resumen

El cine de Hollywood se ha caracterizado por transmitir estereotipos que conforman el imaginario social. Siendo así, la identidad mexicoamericana (y la latina en general) siempre ha quedado representada a través de estereotipos que conjugaron una figura negativa para la sociedad estadounidense (Keller 1983; Ramírez 2008; Cristoffanini 2010; Aldama, 2019). Sin embargo, en las últimas décadas, con los cambios sociales y la lucha contra el racismo y la segregación, se han conseguido avances que ayudaron a configurar un nuevo cine en Estados Unidos, como ocurre con la representación de mexicoamericanos de *McFarland, USA* (2015). Dirigida por Niki Caro y producida por Walt Disney Pictures, *McFarland USA* basa su trama en una historia real situada en el año 1987. La trama del filme relata la historia de Jim White (Kevin Costner) y la creación del equipo de cross country de la escuela de McFarland. Dentro del grupo de adolescentes mexicoamericanos, destaca el personaje de Thomas Valles (Carlos Pratts), el corredor más rápido del grupo. Este trabajo centra su análisis en la representación del grupo de jóvenes mexicoamericanos de *McFarland, USA*. De esta forma, los ejes centrales del análisis son la construcción del espacio mexicoamericano en el pueblo de McFarland, el rol de *white savior* inconsciente que implica el protagonista, Jim White, y la función del deporte como elemento integrador y de liberación para los jóvenes mexicoamericanos de McFarland.

Abstract

Hollywood cinema tended to convey stereotypes that make up the collective worldview. Thus, the Mexican American Identity (and Latino identity in general) has typically been portrayed by negative stereotypes inside American society (Keller 1983; Ramírez 2008; Cristoffanini 2010; Aldama 2019). However, in recent decades, with social changes and the fight against racism and segregation, there have been many breakthroughs to promote inclusion and diversity in American Cinema. That is the case with the representation of Mexican Americans in *McFarland, USA* (2015). Directed by Niki Caro and produced by Walt Disney Pictures, *McFarland USA's* plot is based on true events dated in 1987.

The film's plot tells the story of Jim White (Kevin Costner) and the creation of the cross-country team of McFarland School. Within the group of Mexican American teenagers stands out Thomas Valles (Carlos Pratts), the main character and fastest runner in the group. This work focuses its analysis on the representation of young Mexican Americans in *McFarland, USA*. Finally, the central axes of the analysis are the following: (1) the construction of the Mexican American space in McFarland town, (2) the role of an unconscious white savior behavior by the protagonist, Jim White; (3) and the function of sport as an integrating and liberating element for young Mexican Americans in McFarland.

El cine de Hollywood se ha caracterizado por transmitir estereotipos que conforman el imaginario social. Siendo así, la identidad mexicoamericana (y la latina en general) siempre ha quedado representada a través de estereotipos que conjugaron una figura negativa para la sociedad estadounidense (Keller 1983; Ramírez 2008; Cristoffanini 2010; Aldama 2019). Sin embargo, en las últimas décadas, con los cambios sociales y la lucha contra el racismo y la segregación, se han conseguido avances que ayudaron a configurar un nuevo cine en Estados Unidos, como ocurre con la representación de mexicoamericanos de *McFarland, USA* (2015).[16]

McFarland, USA es una película estrenada en 2015, dirigida por Niki Caro[17] y producida por Walt Disney Pictures. Basada en una historia real que se sitúa en el año 1987, el filme se basa en la historia de Jim White y el equipo de cross country[18] de la escuela de McFarland. El argumento tiene como protagonistas, en primer lugar, al entrenador White, quien es interpretado por Kevin Costner. Seguidamente, el protagonismo lo lleva

[16] También titulada *McFarland: Sin límites* en zonas de Latinoamérica.

[17] Niki Caro (1966) es directora, guionista y productora de cine de origen neozelandés. Previamente, alcanzó fama con su galardonada película *Whale Rider* (2002).

[18] Las carreras de cross country o campo traviesa son competiciones. En la modalidad estadounidense que vemos en la película, corren siete corredores por equipo. El puesto que ocupan los primeros cinco de cada equipo al llegar a la meta es su puntuación (el primero consigue un punto, el segundo obtiene dos, etc.) El equipo con menor cantidad de puntos en total es el equipo ganador de la carrera.

el grupo de adolescentes mexicoamericanos que competirán en las carreras. Entre ellos, destaca el personaje de Thomas Valles (Carlos Pratts), el corredor más rápido del conjunto.

Por motivos laborales, Jim White y su familia deben dejar su vida en Idaho y dirigirse al pueblo que da nombre a la escuela y a la película: McFarland. En su nuevo espacio de trabajo, en California, tendrá que lidiar con adolescentes que no le pondrán fácil su labor como profesor de educación física y biología. Este grupo de adolescentes está formado por mexicoamericanos, los cuales antes de ir a la escuela y tras salir de ella deben ayudar a sus familias trabajando como *pickers* (recolectores) en el campo. El propósito principal de este análisis será explicar cómo se representa McFarland y la comunidad mexicoamericana que la integra. A este respecto, han sido varios los nombres con que se ha marginado a esta comunidad, siendo "chicano" la más destacada (Sánchez 112). Sin embargo, el término "chicano" ha sido reapropiado por la comunidad de origen mexicano con sentido político (127). Aquí emplearemos el término "mexicoamericano", que es el que ha solido utilizarse por la clase media sin un interés explícito (113).[19]

En el filme, dentro del grupo de adolescentes mexicoamericanos de la escuela de McFarland, Jim White conseguirá formar un equipo con siete integrantes para competir en carreras de cross country. Será la combinación de este grupo homogéneo y el nuevo entrenador llegado de fuera de la ciudad lo que hará sacar lo mejor de cada uno en distintas áreas relacionadas con el trabajo en equipo. Aparece aquí otro de los estereotipos que analizaremos en este trabajo, la figura del *white savior*. Desde Hollywood, las nuevas producciones han intentado reivindicar la parte positiva del anglo frente a las etnias marginadas, lo que ha dado pie a la creación de la figura del *white savior* (Huggley 8-10). Aunque muchas películas

[19] Además, empleamos el término mexicoamericano, sin guion, ya que últimamente se ha tendido a usar la forma sin guion para hablar de la esta identidad entre fronteras y la forma con guion para referirse a eventos sociales y políticos en la que se involucran México y Estados Unidos.

cayeron en el esquema del "salvador blanco", la que aquí analizamos es, tal vez, un avance hacia la superación de ese paternalismo anglo.

Así pues, con la historia real acaecida en la escuela de McFarland como argumento, este filme logra transmitir las dificultades de dos estereotipos de familia dentro del país: la mexicoamericana y la estadounidense blanca anglosajona. En esta ocasión, la configuración de la historia situará a los blancos como los extraños que deben asimilarse a la cultura del lugar; ellos consiguen acostumbrarse a la nueva vida en McFarland, transmitiendo así una versión renovadora y positiva de la unión de mexicoamericanos y anglos. Con este guion se logra sacar a la luz la historia de un pequeño pueblo estadounidense que había quedado marginado por ser terreno de inmigrantes mexicanos que trabajan en el campo.

Por último, examinaremos qué papel juega el deporte en las dinámicas sociales representadas en McFarland. Con todo ello buscamos explicar que *McFarland, USA*, puede ser signo de una nueva narrativa cinematográfica, donde se aboga por mostrar lo positivo y lo negativo de todo lo que ha formado parte de Estados Unidos en su zona más "extrema", un espacio fronterizo que Enrique Dussel ha denominado como "el extremo sur del Norte" (106).

McFarland: campos agrícola, escolar y deportivo

El espacio donde se desarrolla la trama de *McFarland, USA* es un pueblo del sur de California, donde la población en su mayoría es de procedencia mexicana. El inicio del filme busca dos objetivos: en primer lugar, explicar las características de este espacio en un breve lapso y, en segundo lugar, exponer la sensación de incomodidad que siente la familia White al llegar a ese entorno. En efecto, en McFarland encontrarán varios elementos pertenecientes a la cultura mexicana, motivo por el cual la familia White sentirá el espacio como un lugar extranjero, ajeno a la visión anglosajona estadounidense.

Tras una escena que justifica la expulsión de Jim White como entrenador de un equipo de fútbol americano juvenil en el estado de Idaho, las siguientes imágenes muestran brevemente el vehículo de la familia en la carretera rumbo a su nuevo destino: McFarland, California. La primera referencia al pueblo se proyecta en un paneo lateral que sigue la trayectoria del vehículo de la familia entre campos de cultivo con gente trabajando en ellos; al final del paneo se puede apreciar el cartel de McFarland (cuyo slogan, en inglés, reza que es el tazón de frutas del estado), mientras los campesinos trabajan en el campo al lado del cartel (02:50).

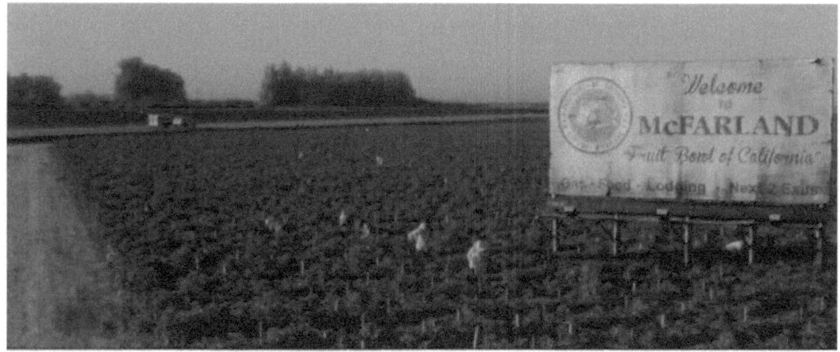

Arriba a la izquierda, a lo lejos, el vehículo con remolque de la familia White, entrando en McFarland. A la derecha, el cartel de bienvenida. En el centro, los campesinos trabajando.

Dentro de McFarland, junto a una secuencia rápida de primeros planos a los rostros de los cuatro miembros de la familia White, se intercalan imágenes de un espacio urbano que suscita emociones de extrañeza en la hija mayor, Julie; el desconcierto se refleja en la pregunta de la otra hija, Jamie: "¿Estamos en México?" (3:55). Con un conjunto de planos subjetivos, desde el interior del vehículo que conduce Jim White, se muestran tomas rápidas del nuevo contexto que les ofrece McFarland. Todo lo que llama la atención de los cuatro integrantes del vehículo: son personas de piel morena en las calles, tiendas con carteles en español, infraestructuras deterioradas y la Virgen de Guadalupe pintada en una pared de una gasolinera. Desde la visión anglosajona estadounidense es una completa inmersión en un espacio latinoamericano dentro de los Estados Unidos (o de la América hispana mismamente.).[20]

Además, la canción utilizada en el recorrido enfatiza el sincretismo. Desde la escena en que parten de Idaho hasta que llegan a la nueva casa en McFarland se escucha de fondo la canción "América" de Los Tigres del Norte. La letra reivindica que América es el continente entero y no sólo Estados Unidos, sumando a la ambientación del espacio hispano una canción en español. Por tanto, con el impacto generado en la familia por la llegada a su nuevo hogar y la contextualización para el espectador que ofrecen estas secuencias de la película, se logra poner de manifiesto la gran distancia conceptual que separa McFarland del imaginario anglosajón blanco. Aunque sigan estando dentro de su país, White y su familia se empiezan a sentir limitados y observados como extranjeros.

Asimismo, cuando entran en su nueva casa, ven que una en una de las paredes del salón de la casa está pintada una figura de mujer mexicana con rasgos indígenas, la cual sostiene con sus manos una bandeja de la cosecha de coles.[21] En sí, es todo un símbolo del lugar: McFarland es uno de los territorios donde se produce una de las cosechas que alimenta a parte del país, pero ninguno de los que trabajan en sus campos son anglos, sino inmigrantes mexicanos.

Se integra aquí un tópico que forma un contraste entre el espacio urbano hispano y el anglosajón: la planificación urbanística de Estados Unidos dividió las zonas de manera distinta a lo que en países hispanos como México se acostumbra. Mientras que en los territorios hispanos hay

[20] En realidad, el diseño urbano es prácticamente el mismo al de la mayoría de los Estados Unidos: calles anchas, casas con jardín exterior, etc. Pero el modo en que todo esto está conservado, junto a símbolos religiosos católicos como la Virgen, marca una diferencia grande desde la mentalidad de clase media estadounidense a finales del siglo XX.

[21] Esta mujer indígena ha sido pintada en la pared seguramente por algún inquilino anterior de la casa. En tal caso, la mujer dibujada está recolectando los mismos productos agrícolas que la propia familia de *pickers* que pudo haber habitado esa casa y en todo el barrio, identificando esta clásica imagen nacional mexicana con la situación de los mexicoamericanos en McFarland.

amplias áreas rurales habitadas por campesinos y se distingue entre campo y ciudad fácilmente, en Estados Unidos la distinción se hace entre town y ciudad solamente por tamaño. Es decir, en los países hispanos se distingue fácilmente entre campo y ciudad, mientras que en Estados Unidos todo es entendido como espacio urbano (Jiménez 255). De esta forma se comprende que desde la mentalidad de los protagonistas de la película se vea el lugar como una ciudad extraña. Sin embargo, desde la perspectiva hispana se entendería que McFarland es distinto porque es un pueblo. Así pues, la pintura de la casa da la bienvenida al nuevo hogar a la familia White: les anuncia que están en tierra de campesinos con raíces mexicanas.

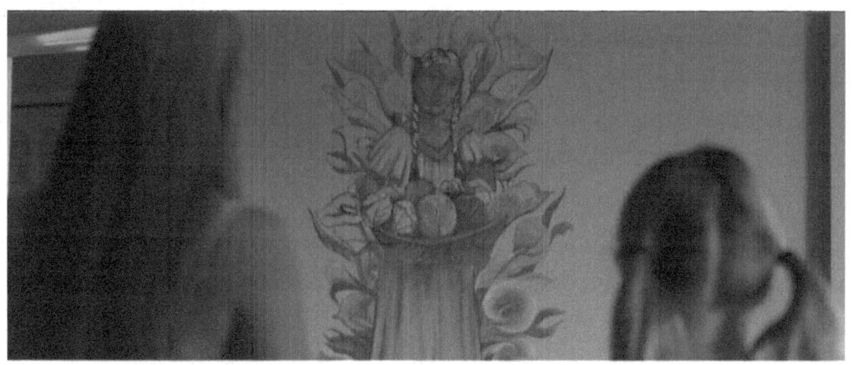

Las hijas de White, Julie y Jamie observan la imagen pintada
en la pared a la entrada de la casa

Otros motivos que otorgan a McFarland la calidad de pueblo en sentido hispano son dos escenas continuadas que le ocurren a Jim White: la primera es la del regalo de una vecina quien le entrega una gallina en sus manos sin mediar palabra y con una sonrisa (16:20). La escena que le sigue muestra a White comprando alimento para el animal; hecho que lleva al dueño de la tienda, Sammy Rosaldo, a decirle "I see you kept it" (refiriéndose al pollo). La cortesía de la vecina con Jim White y el hecho de que Sammy ya conocía a White con anterioridad, marcan un contraste frente a la indiferencia que se encuentra entre individuos en una ciudad; reflejan la llegada de White y su familia a un espacio que los tiene en cuenta. Asimismo, White no muestra ninguna molestia ante estos hechos, lo cual empieza a ayudar a su integración al nuevo entorno.

En cuanto a la población, el contraste de McFarland frente a otros espacios estadounidenses se da porque todos los habitantes del lugar proceden en su mayoría de México. Es un factor poco sorprendente teniendo en cuenta que la ingeniería social y el mercado estadounidense del siglo XX: siempre aprovechó y ha seguido aprovechando hasta nuestros días la entrada de inmigrantes desde el norte de México para los trabajos agrícolas. Estos puestos hicieron a familias enteras establecerse en la frontera y aumentaron exponencialmente con el paso del tiempo desde 1950 (Gutiérrez 505-6). McFarland es el reflejo de que los pueblos construidos por inmigrantes quedan marginados dentro del país.

En una serie de tomas se muestra la vida de los jóvenes, quienes deben levantarse cuando todavía no sale el sol y ayudar a sus familias trabajando en el campo, para después dejar el trabajo y llegar a la escuela con sus propias piernas (22:20-25:00). La llegada de estos hijos de inmigrantes campesinos, quienes bordean los perímetros de la cárcel junto a la escuela de McFarland, es observada por Jim White desde un salón de clase. Al mismo tiempo, una profesora que se había acercado a él poco antes, la profesora Maria Marisol (Vanessa Martínez), le hace ver que Jim debe implicarse más. Ante la actitud distante de Jim White, Maria le recrimina su falta de compromiso con los estudiantes más allá del ámbito escolar: "You live in McFarland, right? You ever taken a look out there? This is one of the poorest towns in America. These kids are invisible, they are expendable. They come from the fields, and they go back to the fields unless the prisons get them first. You notice we got one right next door?" (24:27). Las palabras que Maria Marisol dirige a Jim White constatan que las vidas de estos jóvenes son distintas a la de cualquier familia promedio del país. En este sentido, intenta avisarle a White de que no puede mantener con sus estudiantes los mismos parámetros de una escuela regular estadounidense.

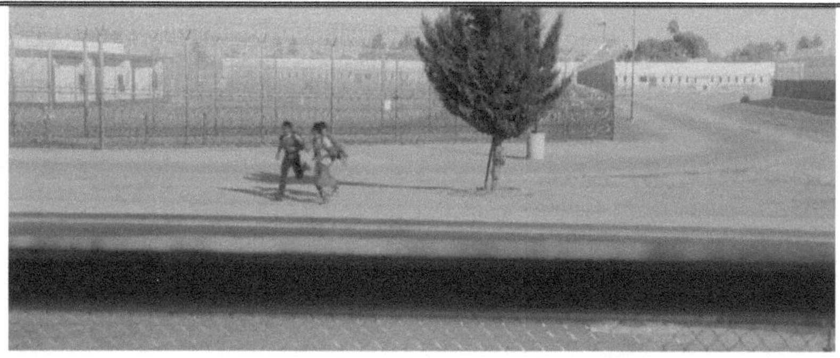

Plano subjetivo desde la mirada de Jim White.
Los jóvenes llegan corriendo a la escuela desde el campo agrícola
mientras pasan al lado de la penitenciaría

Por otra parte, el discurso de la profesora Maria expone el imaginario de McFarland: además de ser el nombre del pueblo y de la escuela preparatoria (High School), es una suerte de prisión mental para muchos de los personajes. De hecho, es el único centro de enseñanza donde Jim White pudo conseguir trabajo tras su despido en Idaho (8:29). Camilo, el director del centro, le advierte a White que debe mantener su temperamento para no cometer los mismos fallos que causaron expulsiones de otras escuelas anteriormente (10:40): insultos a jugadores, una pelea con un director y lanzar un objeto a un jugador. White se muestra dispuesto a colaborar para mantener el puesto. Por ello, este alegato de Maria Marisol supone un punto de inflexión para que White vea más allá de sus intereses como entrenador de fútbol americano y encuentre otros espacios para colaborar con la escuela.

A su vez, el espacio donde debe trabajar White (la escuela de McFarland), queda denotado en el inicio como un espacio difícil de controlar: el director le explica a White los problemas que hay con los alumnos en su primer encuentro. Sin embargo, lo que observamos en la interacción de White con los estudiantes en la clase de educación física es el desinterés de los jóvenes. White busca imponer la autoridad del profesor;

sería una metáfora de las jerarquías en Estados Unidos entre anglos y mexicoamericanos: el anglo ordena, los demás obedecen. Pero esto sólo queda sugerido en primera instancia, porque entra en acción una madre, que con mucha autoridad pasa a recoger a tres de los alumnos en su camioneta para ir a trabajar: ellos dicen "we gotta go, really" y White no puede hacer nada para que se queden en clase (11:44). Por tanto, la mecánica es distinta: si bien los mexicoamericanos obedecen a White, por encima de él obedecen a su familia.

Así pues, McFarland será el entorno que una a White con los jóvenes. El "extranjero" anglosajón se integra en la cultura mexicoamericana. Entre ellos se generará un vínculo donde se conforman nuevas jerarquías en contraste con los cánones de una escuela en Estados Unidos. Por tanto, McFarland es una dimensión distinta al de los paradigmas estadounidenses hegemónicos. Al mismo tiempo, aunque en McFarland todo tenga resabios de México, el nombre de la película reivindica que este espacio hispano es también parte integral de Estados Unidos: no es solamente McFarland, sino *McFarland, USA*.[22]

El mundo mexicano del estadounidense McFarland

Si bien la cinta gira en torno a la vida de Jim White, a medida que la trama avanza, ganan en presencia y en importancia los integrantes del grupo de adolescentes mexicoamericanos que formarán el equipo de cross country. La aparición más destacada es la del corredor más rápido, Thomas Valles. Como ocurre con el resto de los chicos, su familia lo necesita para que trabaje en el campo, por lo que debe ir corriendo del campo al colegio y desde el colegio a la casa. Además, su padre estaba en la cárcel. Cuando el padre vuelve a la casa genera una reacción violenta que provoca el intento de suicido de Thomas (evitado finalmente por White). Por otro lado, Thomas genera una relación más profunda con White ya que llega a ayudar a su hija en el único momento de vandalismo de la película. Así

[22] A propósito del título, en un principio se publicitó su producción con el nombre de *McFarland* y fue antes de su salida en cines cuando se optó por añadir las siglas del país en el título para llamarse *McFarland, USA* (McNary 2014).

pues, en Thomas Valles se combinan las distintas áreas problemáticas del tema hispano en Estados Unidos y la hibridación de la familia anglosajona en este mundo mexicano.

Curiosamente, en Hollywood siempre se han utilizado historias como en la que está basada *McFarland, USA* para realizar películas de éxito fácil: "Hollywood has been expounding, explaining, and defending the exclusionist logic of this fable for decades, selling audiences the illusion of success even as they swallow the bitter pill of (prefered, safe) failure" (Ramírez 41). Esta idea del ascenso al éxito a través del esfuerzo no es lo que se refleja en *McFarland, USA*. En cambio, la trama del filme expone que el valor está en la comunión. Incluso, al final de la película se remarca la idea de unión, de progreso en el encuentro entre personas a través del pueblo de McFarland cuando Thomas le recrimina a White que se plantee aceptar una oferta de trabajo en otro estado: "We all get it. This is America, right? We gotta go bigger, have a nicer place, better paid, better everything. Everyone always gonna go for the better everything. That's why no one stays in McFarland" (1:42:55). Esta cita de la película expone una crítica del capitalismo y la utilización de personas (en este caso, una minoría mexicoamericana) para ascender en el plano laboral. También, en las palabras de Thomas se proyecta la idea de unión propia de la identidad hispana, frente al individualismo anglo; se entiende que McFarland no es un lugar para conseguir ese éxito que se suele conjugar como sueño americano. Por eso, aunque se busque proyectar los caminos de superación de los alumnos en el plano del deporte, en lo que se refiere a sus vidas sociales nada cambia demasiado para ellos.

En el plano familiar, para estos jóvenes prima el respeto a los adultos de la familia y la consecuente carga de trabajo en el campo que deben cumplir. Porque lo primero es la subsistencia del grupo y para ello deben trabajar en el campo muchas horas. En la realidad de Estados Unidos, durante todo el siglo XX, la unión de familias mexicoamericanas que trabajaban en el campo junto a los hijos ha sido amplia.[23] En los jóvenes en ningún momento se presenta esta situación como problemática con las familias. Por el contrario, es parte de su identidad: "We are tougher, we are pickers" afirma Thomas cuando se harta del entrenamiento (46:50). Esto es algo que ayuda a mostrar una visión distinta a la que el cine de Hollywood pudiera mostrar anteriormente como un camino siempre ascendente hacia el éxito. Tampoco hay quejas o desconcierto de este hecho desde el punto de vista anglo de la película (de White y su familia). Hay un respeto por esa labor, y ejemplo de ello es que White trabaja para que los jóvenes puedan entrenar: White cumple con las labores en el campo para cumplir con las horas de trabajo que los mexicoamericanos pierden en sus entrenamientos.

En el aspecto de la vida tan laboriosa que tienen los chicos, entra en juego un personaje clave en la película pese a sus pocas escenas: ella es Maria Marisol, la profesora que le hace ver a White que si se queda en McFarland puede ayudar a unos muchachos que llegan a la escuela tras haber trabajado varias horas antes en el campo (24:05). Aunque no sepamos su origen concretamente, sí se aprecia que es de ascendencia hispana por su nombre y que está muy activamente involucrada con la mejora de los alumnos.

El personaje de Maria Marisol participa activamente en tres escenas con White: está presente cuando Jim White llega a la escuela, donde se conocen en una breve charla (09:20), hablan en el encuentro que comentábamos en el párrafo anterior, y más adelante lo felicita por los cambios conseguidos en la mentalidad de los chicos gracias a su ayuda como entrenador: "It's good work, White" (1:15:05). Ella expresa su deseo por ayudar a estos mexicoamericanos que parecen tener sólo dos destinos: trabajar en el campo o acabar en la cárcel. Del desarrollo de la trama se infiere que sin ella White no hubiera pensado en mejorar la situación de

[23] Se llegó a emplear el término "ratas" para los niños que trabajaban con sus familias en el campo (González 310).

sus alumnos. También, a través de Maria Marisol los espectadores sabemos que los chicos se sienten mejor: cuando se acerca a agradecer la labor de White le lee el poema de uno de los alumnos; en algunos de los versos se afirma que corriendo ya no se sienten discriminados: "Not immigrants, no more / Not stupid mexicans" (1:14:30): El cambio reside en el sentimiento que les suscita la victoria en las carreras de cross country. Pueden lograr sentirse libres a través del deporte, pero el mensaje lo recibe la profesora hispana, la voz de autoridad sobre la superación de los mexicoamericanos en la película.

Saliendo del ámbito escolar, tenemos otro punto de vista completamente distinto por parte de los padres y madres hispanos. Para ellos estudiar o hacer deporte, aunque tiene importancia, no es primordial. Por este motivo White busca acercarse a la familia Díaz, para que continúen dando permiso a sus hijos para estar en el equipo; el padre de familia le hace ver a White que si corren pierden dinero: "Your sport is like a TV: It's not essential. Each hour that my boys train with you is one hour they do not work with me" (1:05:40). La subsistencia en el día a día hace a estos padres relegar los estudios de sus hijos. Por eso el padre de Thomas Valles, en la única conversación con su hijo le advierte: "Saca la cara de esos libros. Van a arruinar tus ojos. Nadie necesita un libro en el campo" (1:18:25). Las representaciones de los padres y madres mexicoamericanos de la película conjuga con una cruda realidad que han vivido muchos mexicoamericanos en el campo a lo largo del siglo XX: en el modelo de familia mexicano la subsistencia del grupo ha primado frente al valor individual (Necoechea 133). Sin embargo, pese a ser una producción de Hollywood, *McFarland, USA* no proyecta estos hechos como elementos extraños (ni para el blanco anglosajón), sino como un obstáculo más que tanto los chicos como White deben superar para poder entrenar juntos.

¿*White savior* o extranjero afortunado?: el rol de Jim White

Evidenciado en las primeras escenas del filme, la llegada a McFarland no fue sencilla para Jim White, su esposa y sus dos hijas. Provenían de unos estándares de vida de la clase media blanca estadounidense. Los inconvenientes por los que atraviesan son leves en su mayoría: son de adaptación a unos estándares de vida más austeros, ligado a un conjunto de cambios culturales. Entre estos últimos, destaca la anécdota de la taquería a la que acuden nada más llegar a McFarland: piden unas hamburguesas, cuando sólo hay comida típica de México: tacos, burritos, etc. Al no saber ni siquiera elegir entre la comida mexicana allí ofrecida, la vendedora les tiene que seleccionar una variedad de tacos para facilitarles la cena: "I'll bring you a selection" (6:00). Ni siquiera tienen capacidad de elección.

Relacionado con lo cultural y la asimilación a un mundo más precario al de la familia White, aparece el elemento de extrañeza que los pone en alerta: justo al salir de la taquería se encuentran con un conjunto de pandilleros que los observan de forma intransigente; uno de ellos les dirige unas palabras, que hace a otro de los suyos advertirle: "it's enough" (7:00). Es una escena en la que la música funk de fondo mueve la acción de lo intimidante al humor. Al ser ya de noche, la familia White sale del lugar con prisas en su vehículo. En la casa, Jim White empieza a planear cómo salir de McFarland, pero su esposa le hace entrar en razón recordándole que no tienen dinero y que el puesto de McFarland es lo único que tiene. Lo que consiguen explicar las escenas iniciales de White en McFarland es la extrañeza de verse en un mundo que, aunque es parte del mismo país, se siente como ajeno: no hay ningún problema con la comunicación en inglés con la gente de McFarland; la diferencia está en la precariedad y el choque cultural. White y su familia se mueven al espacio de la frontera intercultural, "esa frontera por antonomasia que separa/liga México y Estados Unidos" (Ortega 110).

Así pues, White y su familia, es decir, los anglos, son los extraños del lugar. La diferencia parte desde su apellido, White. En efecto, inicialmente Jerks, el entrenador de fútbol americano a quien debe asistir White se burla delante de él al pronunciar su apellido con risa sarcástica (11:15). Jerks es uno de los pocos anglosajones fuera de la familia que aparecen en la película. Su rol dentro del filme es representar lo que White era en Idaho (y por lo cual lo echaron): un entrenador que solamente piensa en conseguir la victoria sin importarle el estado físico y emocional de sus jugadores. Así lo apreciamos cuando quiere incluir a unos de los chicos (Víctor) en el partido a pesar de estar mareado y es White quien lo detiene para que lo deje descansar. A partir de este hecho, White quedará como profesor de ciencias naturales y de educación física de la escuela (20:30).

Su apellido también lleva a otro momento cómico del filme: White, pasando lista, se da cuenta que hay muchos alumnos apellidados Díaz y pregunta "It's a popular name where you guys come from?"; esto le da pie a uno de ellos, Víctor, a preguntar en tono sarcástico "Hey, White, is that a popular name where you come from?" (12:05). Llegará un momento en que algunos de ellos lo apoden "Blanco". Este es otro ejemplo de la inversión de roles que observamos en la película: en espacios en los que los mexicoamericanos han sido minoría han solido adaptar sus nombres hispanos al inglés; por ejemplo, un José suele pasar a ser Joey y un Ricardo suele pasar a ser Richard. En este caso, tendríamos la primera aceptación de White por parte de los adolescentes mexicoamericanos.

Así como hay burlas por el apellido, también hay otros chistes que los alumnos le hacen a White tras ser despedido del equipo de fútbol americano en sólo una semana: "Congratulations, White. They treat you like a picker" (21:11). Estas bromas no distancian a White de los alumnos, sino que ayudan forjar más la unión: al llamarlo *picker* lo pueden ver como una más de ellos, ya que los mismos estudiantes que le dicen *picker* son los que trabajan en el campo como recogedores.

Por otro lado, White se siente excluido dentro de la escuela al no poder ser entrenador de fútbol americano, su pasión. White queda solamente como entrenador de educación física y profesor de biología de McFarland. Se aboca a su trabajo inicialmente con resignación. Sin embargo, poco después de la charla con la profesora Maria Marisol, Jim observa con más atención a uno de sus alumnos corriendo a través del campo a la salida de la escuela. También, comienza a observar que algunos de ellos destacan corriendo entre todos los estudiantes en las clases de educación física (21:40). Esto lo lleva a proponer al director de la escuela que McFarland compita en carreras de cross country. Pese a que el director le advierte que es un deporte para escuelas privadas (con alto nivel adquisitivo), White se encarga de formar el grupo de siete corredores que representará a McFarland: él mismo inscribe a la escuela en la competición estatal y consigue las equipaciones. White comienza a realizar una labor a modo de *white savior* que ayudará a los jóvenes mexicoamericanos a superarse y creer en sí mismos.

En cuanto al concepto de *white savior* en el cine, podríamos entenderlo como un género cinematográfico en sí que surge en Estados Unidos como responsabilidad moral de los blancos por los casos racistas cometidos en el pasado. Lo que muchas de estas películas mostraron fueron personajes blancos ayudando a minorías no-blancas: "nonwhite characters and [their] culture as essentially broken, marginalized, and pathological, while whites can emerge as messianic characters that easily fix the nonwhite pariah with their superior" (Huggley 2). En cierto grado, *McFarland, USA* podría apreciarse desde esta perspectiva porque la agencialidad de la película está llevada por Jim White: se muestra su llegada al pueblo, su incorporación en la escuela de McFarland, su trato con los alumnos, profesores y familia, y la puesta en marcha de todo lo que conlleva formar el equipo de cross-country.

No obstante, hay una serie de aspectos que difuminarán un poco la función de *white savior* de Jim White tal como solía ser el cine hollywoodense. El primer caso es el propósito inicial de White para llegar a McFarland: no buscaba cambiar la vida de los alumnos, sino ser entrenador de fútbol americano al nivel más alto posible. En segundo lugar, en McFarland él y su familia no se sienten más importantes que los demás: White muestra un trato humilde tanto con las personas del lugar como con los docentes del colegio; en absoluto es de superioridad o condescendencia. Por último, el impulso de ayudar a los chicos de McFarland parte inicialmente de la reprimenda de la profesora Maria Marisol, que es también de ascendencia hispana, y lo lleva a cabo porque no tiene mucho más que hacer en la escuela mientras espera por una oportunidad de trabajo fuera.

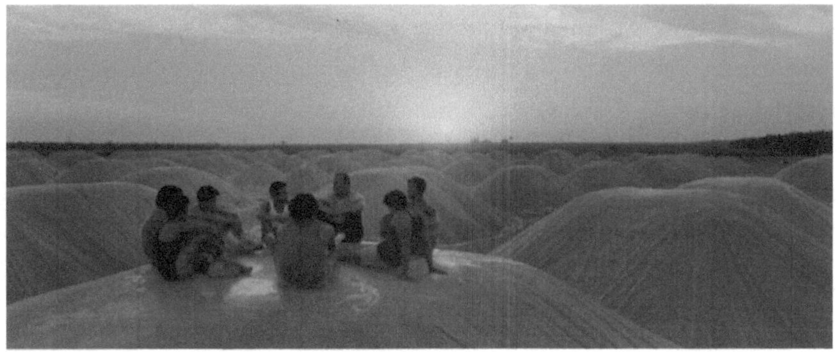

Plano general de Jim White y sus pupilos
descansando sobre las colinas de almendras donde entrenan

Si analizamos la evolución de White y sus pupilos, tampoco parece quedar del todo clara la figura del *white savior*: es cierto que White es el entrenador, pero su meta parece estar más en ganar en la carrera de cross-country que en ayudar con enseñanzas morales sobre la vida. Incluso, por el cross-country se olvida de su propia familia: por sacar el máximo rendimiento de los chicos en un entrenamiento especial, llega tarde a casa olvidando comprar el pastel para el cumpleaños de su hija mayor (48:40). El personaje de White, por tanto, es más una representación del estereotipo del entrenador que busca todas las alternativas posibles para sacar los mejores resultados con su equipo, incluso invirtiendo horas de ocio informándose de cómo mejorar en la competición (55:29). Cabe mencionarse también que, a diferencia del estereotipo de entrenador del cine, White se muestra comprensivo con las vidas de sus estudiantes, debido en parte a la dura realidad que muchos de ellos atraviesan.

Consecuentemente, desde la primera carrera vemos que él siempre motiva a sus corredores individualmente, incluso al más lento le comparte su cometido: "You are my anchor, Danny, and not because you're fat. (...) Because you'll hold this team steady. If I lose you, I lose your brothers. You are important, Díaz" (31:50). Curiosamente, el corredor más destacado, Thomas Valles, tiene severos problemas familiares. Aquí podría parecer nuevamente que Jim White interpreta el papel del *white savior*. Thomas planea suicidarse y White lo ve desde la carretera de forma fortuita sentado en un puente. Acaba ayudándolo a recapacitar para que Thomas no se deje caer y pierda su vida (51:06). Sin embargo, más que representar una figura social hegemónica como es el *white savior*, esta escena refleja el estereotipo del padre ausente de Hollywood, donde "anglo families are complete and ideal, ethnic families fragmented and dysfunctional" (Ramírez 38). White puede ayudar a que Thomas obtenga un apoyo que su propio padre no le da.

Por otra parte, es interesante la contraposición de las escenas de Thomas llegando a su casa, evitando que su padre (recién salido de la cárcel) golpee la pared, y la escena de tristeza de Julie por el olvido del pastel por parte de su padre, White. Se contrastan dos escenas completamente distintas de la vida cotidiana, que ambos jóvenes (después novios) vivirán sumo dolor. La familia de Thomas está en un momento tenso por la violencia doméstica que surge en la casa. La familia White sufre por un problema ordinario: no es un accidente grave, no hay vio-lencia, es un olvido que, aunque denota poca importancia por la familia, es fruto de un descuido en el ámbito cotidiano y no acarrea aspectos de violencia física.

Finalmente, con un actividad menos condescendiente y más predispuesto a la imbricación en la cultura mexicana, en White se fragua una figura desdibujada del *white savior*: sería un salvador o *white savior* del todo inconsciente. Sobre todo, lo que hay en el pueblo de McFarland es una concepción de hibridación entre ambos mundos: el anglo y el mexicoamericano, entre la familia White y el pueblo de McFarland. La escena que mejor demuestra esta hibridización o conexión entre los dos mundos es el festejo de quinceañera que le hacen a la hija de White (1:30:50). En sí el concepto de festejo de quinceañera es hispano y su celebración no era siquiera conocida por la familia White. Aplicar esta fiesta con su hija genera un vínculo entre los dos mundos que hace a esta familia conectar más con el pueblo y su cultura. A su vez, los mexicoamericanos llevan la agencialidad de aceptar a White entre los suyos.

El deporte como liberación en la vida de los mexicoamericanos

El deporte en general es un espacio para la competición donde, mientras no haya reglas socialmente discriminatorias, cualquiera puede participar. Consecuentemente, todos pueden triunfar cualquiera sea su condición social. Esto es lo que parece mostrarnos *McFarland, USA*: los jóvenes mexicoamericanos encuentran un camino donde se sienten realizados gracias a las victorias que van consiguiendo. El paso para participar de los jóvenes será una demostración de un cambio de mentalidad que se ha dado en ámbito mexicoamericano:

> As acculturation levels increase among Mexican American families, their members tend to (a) perceive settings outside the family in a more competitive or achievement-oriented manner, (b) exhibit more independent, assertive, and self-sufficient attitudes, and (c) participate more frequently in recreational and sporting activities (Ryska 536).

Por eso, la competición en carreras de cross country será la vía más importante para la integración en la sociedad estadounidense de los jóvenes de McFarland. Gracias a la dirección y motivación de Jim White, consolidan sus esfuerzos en victorias que tienen el valor agregado de derrotar a quien los ve desde arriba, el anglo (o las escuelas privadas de otras partes de California contra las que compiten).

Al mismo tiempo que el deporte es un espacio para la superación, también lo es para la socialización porque a partir de la práctica del deporte se crean "nuevos espacios de socialización y de participación ciudadana" (Capretti 242). Gracias al componente social, derivado de las victorias y apoyados en los distintos esfuerzos que hacen unos y otros dentro del equipo (los chicos entrenando en los pocos tiempos libres que tienen entre la escuela y el trabajo y White haciendo esfuerzos extra, como trabajar de recolector para que uno de ellos pueda entrenar), forjan una unión que los hace a todos valiosos. Para los jóvenes es un sentimiento de victoria derivado del plano deportivo conjugado con lo social, mientras que para White es del plano deportivo en conexión con lo profesional: los mexicoamericanos se sienten redimidos en competencia con estudiantes de mayor nivel social; White ve en estas victorias un camino para vivir en un lugar mejor que McFarland. Esta dinámica del filme refleja muy bien el área de la competición: derrotar al oponente. Todo juego tiene siempre entre sus principales atractivos vencer al rival (Caillois 37). Con lo cual, los mexicoamericanos y White buscan en conjunto derrotar a los estratos sociales que los marginaron: la clase hegemónica anglo en el caso de los mexicoamericanos; su propio pasado (y otros superiores anglos) en el caso de Jim White.

Si observamos únicamente el rol del deporte en la vida de White, veremos que su objetivo principal es darle un lugar a la familia y conseguir para ello un puesto mejor como entrenador, ya sea con el fútbol americano (su puesto anterior, para lo que había llegado a McFarland) o con las carreras de cross country, que descubre ya estando en la nueva escuela. En cierta medida, para White es una obsesión la victoria en cross country: lo vive como una pasión, dedicando tiempo a la lectura de libros y el estudio de videos sobre cross country (55:29). Aunque sepa y esté atento a los problemas de los mexicoamericanos, su foco está en esta competición y su equipo. En el deporte está la superación de White a todos los problemas anteriores que lo llevaron a vivir en McFarland.

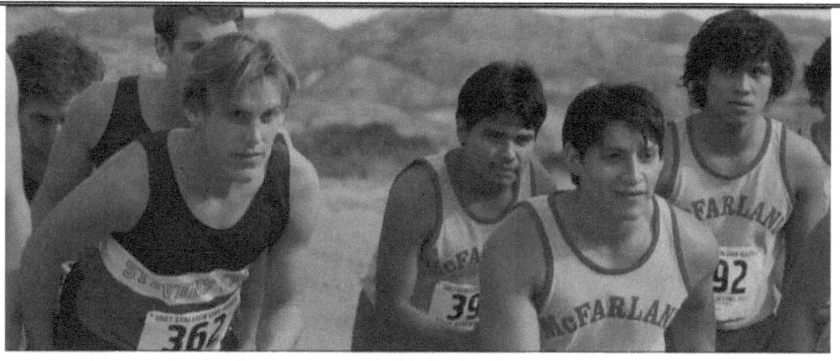

Plano medio de los personajes en la línea de inicio de la carrera

Por otra parte, el deporte ayuda a los mexicoamericanos a vencer a una hegemonía que los oprimió históricamente.[24] Esta clase social privilegiada aparece también representada en la película justamente en el plano deportivo, fuera de McFarland: son los competidores de los colegios rivales contra los que los jóvenes corredores de McFarland deben competir. Primero se refleja visualmente: todos los corredores de los equipos rivales son blancos y visten ropa deportiva de mejor calidad. Incluso, uno de ellos se burla de los mexicoamericanos por sus shorts en una de las carreras (1:21:51). Previamente, el contraste también se verá representado en la vertiente racista desde el primer encuentro: cuando, al comenzar la primera carrera, los alumnos de los equipos rivales se burlan delante de ellos por pertenecer al espacio mexicoamericano: "Where the hell is McFarland?... They can't run without a cop behind them… Or a Taco Bell in front of them" (37:15). Las bromas para desmotivar a los chicos de McFarland proferidas por el grupo de anglos exhiben retazos de los estereotipos aplicados sobre los mexicoamericanos en Estados Unidos: comen tacos y son bandidos que corren escapando de la policía.[25] Los este-

[24] Fruto del sometimiento y manipulación que se hizo de los mexicanos en Estados Unidos acabó surgiendo la identidad chicana/mexicoamericana (véanse Sánchez 2000 y Armbruster-Sandoval 2022).

[25] Lo paradójico es que, para denigrarlos, utilizan el nombre de una empresa que tiene un formato más propio de Estados Unidos que de México: se originó en California, al

reotipos aquí aplicados, hablan de la imagen distorsionada de los estadounidenses anglosajones. Explica Pablo Rolando Cristoffanini que "uno de los problemas fundamentales de los estereotipos es que, a menudo, dicen más acerca de los que los elaboran, difunden y los hacen suyos que de las personas o grupos estereotipados" (4). En este caso, se infiere de los estadounidenses anglosajones un sentimiento de superioridad por su clase social, por sus privilegios de origen.

El caso contrario a esta perspectiva racista anglo está en White, quien se empieza a mimetizar con el grupo. En realidad, lo de White, aunque es una excepción en la película, es al mismo tiempo un ejemplo de uniones producidas en el marco laboral en Estados Unidos: en barrios segregados o espacios rurales, individuos de ambas nacionalidades han estado en contacto porque siempre se antepuso lo económico y lo familiar por encima de los prejuicios raciales (Gutiérrez 497). Esta conjunción se proyecta también en la conformación de este equipo de cross country: en el grupo todos sus integrantes se sienten valorados gracias a los mensajes motivacionales y la dirección de White, amén de los progresos del equipo que se acaban plasmando en el triunfo final en el cross country. Así pues, la película realza el componente de realización y de crecimiento que puede generarse en la competencia deportiva.

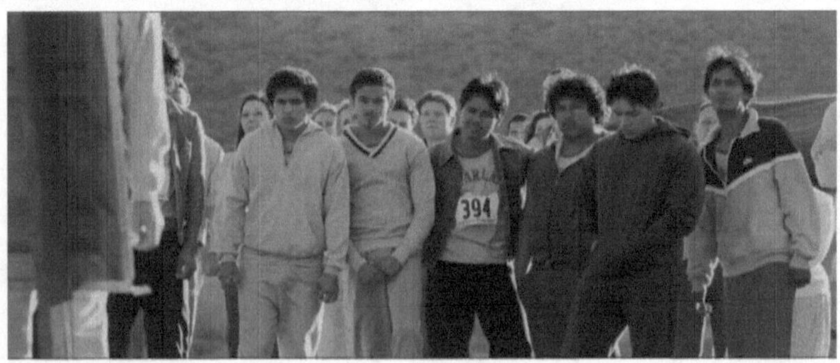

Los jóvenes mexicoamericanos
esperando el resultado de la carrera de crosss country

---

estilo de otras franquicias estadounidenses de comida rápida, y su comida es tex-mex, o sea, mezcla texana y mexicana.

Por lo tanto, las conexiones, hibridaciones y sincretismo se dan en diferentes vías sinérgicas: la conexión de White con sus corredores mexicoamericanos hace que él se mimetice con ellos en el trabajo; a su vez, esta integración se refuerza con el aspecto competitivo del deporte. White se siente plenamente identificado con el grupo porque lo que para él prevalece es el triunfo y para conseguirlo debe sacar lo mejor de ellos. Cuando un entrenador rival le hace chistes sobre las indicaciones especiales que debería darle a sus corredores por ser mexicoamericanos (59:00), surgirá en White una identificación con sus muchachos de forma consciente. Al ganar, White le devuelve el chiste a su par blanco: "Good race, amigo" (1:01:12). La implicación de Jim White con el equipo de cross country agranda la identificación con los mexicoamericanos. Es decir, el deporte une gracias a una nueva identificación, la comunidad que simboliza el equipo de McFarland. Una identidad que supera cualquier barrera racial o cultural.

Asimismo, el deporte puede ser también un espectáculo, por lo cual se suele generar un público en torno a su práctica. Gracias a las victorias de un equipo, su público empieza a crecer en número: en McFarland más gente se identifica con ese equipo con el mero hecho de observarlos mientras entrenan en el pueblo. El primero de esos seguidores suele ser la gente cercana. En el caso de McFarland serán los familiares y los empleados de la escuela los que den una cálida despedida al equipo cuando se suban al autobús para afrontar la carrera estatal final. Este es otro punto de la película que muestra que todo puede unirse en torno a la competencia deportiva. Incluso aquellos familiares que pusieron pegas a la partición de sus hijos acuden a la cita (1:45:37). Esto ocurre porque además del plano deportivo, el que une a un equipo, está la esfera de la victoria: siempre que se gane, siempre que se llegue a lograr algo grande (en este caso representar al pueblo a nivel de toda California), habrá más gente que se quiera sentir identificada con el equipo.

Por último, la conexión de los dos mundos (mexicano y anglo) se acabará viendo reflejada al final de la película cuando todos los amigos y familiares de McFarland vayan juntos en caravana para ver la carrera de McFarland (1:47:05). Si esta imagen refleja la parte mexicoamericana de la sociedad, la que le sigue dentro del espacio de la carrera refleja el espíritu de unión estadounidense cuando todos juntos entonan la letra del himno con la mano en el corazón (1:49:00). En definitiva, el deporte logra unir para lograr triunfos, y los triunfos logran consolidar esa unión entre personas. Lo mexicano y lo estadounidense forjan una unión en McFarland.

Conclusiones

A lo largo de este trabajo hemos podido señalar los aspectos clave que conforman el mundo mexicoamericano representado en *McFarland, USA*: el contraste entre la familia anglo y las familias mexicoamericanas, la importancia del deporte para la emancipación y el contexto social en que transcurre la historia.

El contraste entre ambos modelos de familia proyecta los arquetipos clásicos: la familia nuclear blanca frente a la familia mexicoamericana, donde todas las partes deben sumar en el trabajo y en la casa. En el primer caso tenemos una familia nuclear tradicional, con el padre como cabeza de familia, la madre como ama de casa y las hijas dedicándose a los estudios. Al yuxtaponer ambos grupos vemos las diferencias vitales, las cuales pueden ser condensadas en la contraposición de lo individual contra lo social: la familia White busca ascender económicamente con el progreso del cabeza de familia, mientras que la familia mexicoamericana busca la subsistencia en conjunto, con la cooperación de todos en el trabajo en el campo. Por lo tanto, en el análisis social, *McFarland, USA* consigue exhibir un conjunto de puntos de vista sobre el modo de vida que han formado parte de la sociedad mexicoamericana.

No hay que obviar que la agencialidad en el filme la tiene siempre Jim White. Este protagonismo del anglo en la película consigue un mejor acercamiento a los problemas de las sociedades mexicoamericanas del sur de Estados Unidos en el campo: White no acude a McFarland para ayudar, sino por su propio beneficio; busca crecer ayudándose de las virtudes de los muchachos mexicoamericanos. Pero él tiene que hacer esfuerzos por penetrar en la cultura mexicana para poder formar el equipo y que cada uno de los integrantes pueda entrenar con él: no es él quien apoda a los chicos, sino que ellos lo hispanizan a él llamándolo "Blanco". Si bien es cierto que, superados los escollos iniciales, White es un gran motivador para todos ellos e incluso impulsa su formación académica para que puedan ayudar mejor a sus familias, White no hubiese realizado este acto de no ser por ver en sus virtudes atléticas un medio para él crecer como entrenador. El cross-country genera un vínculo especial en el grupo: White empatiza con ellos y ellos comienzan a divertirse con la competición tras la guía de White. Una vez más, cabe recalcar que la única mención explícita a la colaboración con aquellos adolescentes y sus familias sale de la boca de la profesora de origen hispano Maria Marisol, quien intenta promover la ayuda de White. En *McFarland, USA*, por tanto, más que una representación del *white savior*, hay una proyección del *white coach*: una suerte de entrenador que consigue sacar lo mejor de sus pupilos.

Concretamente, las condiciones de las carreras de cross country y la preparación para la competición forja una unión particular a la luz de las escenas del filme. La representación de las carreras y los entrenamientos consigue transmitir el crecimiento de forma extendida: no hay un montaje de entrenamiento y crecimiento arquetípico de las películas de Hollywood, donde la mejora se muestra en una secuencia de rápidos cortes a distintas etapas de la preparación. En cambio, cada uno de los aspectos a superar (tanto físicos como mentales) representados con escenas a lo largo del filme: algún breve lapso donde se ve a White leyendo sobre cross country, la charla en que avisa a sus chicos de que él tiene la culpa en la primera derrota (por no prepararlos para subir cuestas), e incluso el desencuentro con alguno de ellos por exigirles mayor implicación. De forma paralela, esto también suma en la evolución del personaje de White, que poco a poco se va mostrando más comprensivo con la situación de los mexicoamericanos.

También, en el área del deporte se consigue mostrar vestigios del racismo que han sufrido los mexicanoamericanos en Estados Unidos, cuando los rivales anglos se intenten burlar de ellos. A su vez, la discriminación se proyecta en el aislamiento de McFarland con respecto a otros lugares de Estados Unidos. Esta marginación se presenta a través de los diálogos sobre la labor de los chicos fuera de la escuela y la vida de sus familias.

En definitiva, en *McFarland, USA* se representa un encuentro entre dos mundos paralelos: las condiciones y mentalidad blanca, y la realidad de los mexicoamericanos. El punto de unión y superación de sus condiciones originales se encuentra en el deporte. Finalmente, en la película White tiene la oportunidad de ascender laboralmente, pero decide quedarse. Los mexicoamericanos han crecido en espíritu y orgullo, aunque sus condiciones sociales no varían, no son parte del sueño americano, sus éxitos solamente se extienden del campo agrícola al campo deportivo.

Bibliografía

Aldama, Frederick Luis, and Christopher González. *Reel Latinxs: Representation in U.S. Film and TV*. The University of Arizona Press, 2019.

Armbruster-Sandoval, Ralph. "The Chicana and Chicano Movement, La Raza Unida, and Social Movement Partyism: Lessons for Today." *Revista Mexicana de Política Exterior*, no. 122, 2022, pp. 63-77.

Blasco, Lucía. "¿Quiénes son los 'mexamericanos' y por qué importan ahora más que nunca en Estados Unidos?" *BBC News Mundo.* 10 Sept. 2018. https://www.bbc.com/mundo/noticias-45201365

Caillois, Roger. *Man, Play, and Games.* Traducido por Mayer Barash, The Free Press of Glencoe, 1958.

Capretti, Silvia. "La cultura en juego: El deporte en la sociedad moderna y post-moderna." *Trabajo y sociedad*, vol. XV, no. 16, 2011, pp. 231-50.

Cristoffanini, Pablo Rolando. "Estereotipos y Mitos." Revista Nuevo Cine Latinoamericano, no. 9, 2010, pp. 1-24.

Dussel, Enrique. "Ser hipano. Un mundo en el border de muchos mundos." En *Hacia una política de la liberación.* Docencia, 2013, pp. 95-108.

González, Gilbert G. "The Camps of Mexican Citrus Pickers in Southern California." Western Historical Quarterly, vol. 22, no. 3, 1991, pp. 289-312.

Gutiérrez, David G. "Migration, Emergent Ethnicity, and the 'Third Space': The Shifting Politics of Nationalism in Greater Mexico." *The Journal of American History*, vol. 86, no. 2, 1999, pp. 481-517.

Huggley, Matthew. *The White savior Film: Content, Critics, and Consumption.* Temple University Press, 2014.

Jiménez Núñez, Alfredo. "La ciudad «americana» en el doble contexto de lo hispano y lo anglo." *Revista de Estudios Norteamericanos*, no. 4, 1996, pp. 251-56.

Keller, Gary D. "The image of the chicano in Mexican, United States, and Chicano cinema: an overview." *Bilingual Review / La Revista Bilingüe*, no. 2/3, vol. 10, 1983, pp. 13-58.

McFarland, USA. Directed by Niki Caro, performances by Kevin Costner, Carlos Pratt, Vanessa Martinez, and Maria Bello, Walt Disney Pictures, 2015.

McNary, Dave. "Kevin Costner's Sports Drama 'McFarland USA' Pushed to 2015." Variety. 22 Aug. 2014. https://variety.com/2014/film/news/kevin-costner-mcfarland-pushed-2015-1201288407/

Necoechea, Gerardo. "Del centro occidente al medio oeste: historiografía chicana." *Historias* no. 25, 1990, pp. 125-39.

Ortega, María Luisa. "La frontera México-Estados Unidos como paradigma intercultural I: la herida abierta. Cine e interculturalidad." *Revista Anthropos: Huellas del conocimiento*, no. 216, 2007, pp. 109-17.

Ramírez Berg, Charles. "Bordertown, the Assimilation Narrative, and the Chicano Social Problem Film." *Chicanos and Film: Representation and Resistance*, edited by Chon A. Noriega, Garland Publishing, 2008, pp. 29-46.

Ryska, Todd A. "The Impact of Acculturation on Sport Motivation among Mexican-American Adolescent Athletes." *The Psychological Record*, no.51, 2001, pp. 533-47.

Sánchez Valencia, Alejandra. "Diferencias en las denominaciones de la comunidad méxico-americana." *Araucaria*, no. 3, 2000, pp. 112-31.

Percepciones, tensiones y conflictos inmigrantes en la película *Los lobos* (2019), de Samuel Kishi

Miriam S. Romero
Norwich University

Resumen

Los lobos (2019), película dirigida por Samuel Kishi, trata un tema que no pasa de moda. Al contrario, es un tema vigente en el cual solo cambian los protagonistas. Esta película es ejemplo de la situación que muchos inmigrantes viven: conflicto social en la vida cotidiana. Una madre abandonada decide cruzar hacia Estados Unidos en busca de un futuro mejor para sus hijos. Los temas sobre la unión familiar, la familia monoparental, la educación y el apoyo de los hijos se pierden en la realidad de la situación que viven las familias de inmigrantes en los Estados Unidos. En este artículo busco considerar tres perspectivas que crean un conflicto en la trama. El objetivo de la madre es obvio, buscar el beneficio de los niños, sin embargo, ¿es necesario establecer un límite entre la necesidad económica y la de los niños? ¿De qué manera influye el entorno en los niños? ¿Cómo percibe la sociedad a las familias inmigrantes? Son algunas de las preguntas que busco responder mediante el análisis detallado de la trama considerando tres perspectivas. La perspectiva de la madre y su conflicto con el papel de proveedora, educadora y protectora. La segunda, la perspectiva de los hijos frente a la dicotomía de ser niños y/o cuidadores. Y finalmente, la perspectiva general de la sociedad y la manera en la que influyen en el trato hacia las familias inmigrantes sin considerar las situaciones sociales y económicas que viven en sus países de origen y que provoca movimientos diásporos en masa.

Abstract

Los lobos (2019), a film directed by Samuel Kishi, addresses a subject current subject. In this theme, only the protagonists change. This film is an example of the situation that many immigrants live in social conflict in everyday life. A single mother decides to cross to the United States in search of a better future for her children. The themes of family unity, the single-parent family, education, and support for children are lost in the reality of the situation of immigrant families in the United States. In this article, I seek to consider three perspectives that create conflict in the plot. The mother's sole purpose is obvious, to support the children. However, she is lost between the economic need and that of the children. How does the environment influence the children? How does society perceive immigrant families? These are some of the questions I seek to answer through a detailed analysis of the plot considering three different perspectives. The mother's perspective and her conflict with the role of provider, educator, and protector. The second is the perspective of the children facing the dichotomy of being children and/or caregivers. And finally, the perspective of the society and the way in which it influences the life of immigrant families without considering the social and economic situations they live in their countries of origin and promotes massive diasporic movements.

El mejor juguete que un niño puede tener
es un padre que se tire al suelo y juegue con él.
Autor desconocido

Introducción

Cruzar la frontera entre México y los Estados Unidos de manera legal o ilegal representa un reto que puede derivar en un cambio. Para algunos, es una negociación entre los que cruzan y los agentes de migración. Para muchos otros, cruzar la frontera con el objetivo de quedarse en los Estados Unidos conlleva obstáculos y retos. Mónica Gonzalbo refiere que además del proceso de negociación, cruzar la frontera implica otros aspectos como el intercambio, la mezcla, la desigualdad, el cambio y el extremo (152). Las historias de los que cruzan esta frontera son contadas mediante el arte, la literatura y el cine. David Maciel identifica al cine como un medio masivo de influencia y propagación de las historias de inmigrantes (149). Además, un filme ayuda al "understanding of the milieu and background of the history, popular culture, and politics" (153) que configuran la trama. La importancia social y cultural de las historias contadas en la pantalla recae en que ayudan a dar voz a todos aquellos inmigrantes que buscan alcanzar un ideal y terminan siendo parte de un constructo social más complejo y plural.

Recientemente, el cine relacionado con los inmigrantes ha cambiado y adquirido una mayor importancia social. Para María Rosa García Acevedo, este tipo de cine "[is] a critical manifestation of popular culture and mass entertainment… that reveal national idiosyncrasies" (150). *Los lobos* (2019) película dirigida por Samuel Kishi Leopo trata el tema del cruce de fronteras desde varios enfoques. Alexander Arnoux refiere que el cine es un conjunto de texto en imágenes (Citado en Marcel Martin 21). Las imágenes en la película de Kishi Leopo representan la compleja realidad que viven los protagonistas. Las secuencias sin diálogo, o imágenes sin texto, muestran un lado de lo que significa vivir marginalizado como mexicano e inmigrante entre los de la misma etnia. Esta película es ejemplo de la situación que muchos inmigrantes viven: conflicto social y familiar en la vida cotidiana.

Una madre abandonada y sus dos hijos deciden cruzar hacia Estados Unidos en busca de un futuro mejor. Lucía logra cruzar la frontera de manera legal. Se establece en Alburquerque, Nuevo México para escapar del abandono de su esposo y buscar una vida mejor para sus pequeños hijos: Max y Leo. La ideología social de lograr "el sueño americano" es, de acuerdo con J.B. Thompson, la idea que surge a partir de las sensaciones provocadas por las necesidades y aspiraciones (48). Mientras que, para Lucía, la necesidad es su anhelo a la posibilidad de una "vida mejor", para los niños es la promesa de que irán a Disneylandia. Las necesidades y anhelos individuales se convierten en conflictos, decisiones y frustraciones, situaciones que "lobos" como ellos se identifican, deben afrontar. La dicotomía se presenta en el cómo van a confrontar las adversidades, cómo familia o aprendiendo de manera individual. La trama presenta a una familia viviendo en el umbral de una transición. Son un grupo de entes liminales que buscan traspasar diversas fronteras físicas y emocionales para poder convertirse en una familia que logre trascender más allá de las barreras y los conflictos sociales. El espacio juega un papel determinante en la construcción del individuo. Los espacios múltiples se crean a partir de perspectivas múltiples. La perspectiva, señala Javier Echegoyen, es una realidad que se compone en un determinado tiempo y espacio (s. n. p.) y que ofrece muchas caras de la misma verdad.

El conflicto de la trama se presenta mediante la imagen y la palabra. Echegoyen describe la relación de la perspectiva con otros aspectos de la realidad, refiere que "la dimensión perspectivista de la realidad no se limita a los aspectos perceptuales, como los colores, los sonidos, las figuras espaciales, alcanza también a las dimensiones más abstractas de la realidad, los valores y las propias verdades" (s. n. p.). Lo abstracto se refiere a la capacidad de entendimiento del personaje en relación con su propio conocimiento. La realidad cambia de sujeto y depende de la perspectiva individual. En el filme, las perspectivas narran mucho más que los escasos diálogos que existen. Las secuencias y los silencios son parte epistemológica de los personajes y del filme.

Además, la perspectiva es fundamental para entender la psique de cada personaje. Marcus Hartner en su estudio sobre el multiperspectivismo define a las perspectivas como un aspecto básico en una narración para entender los puntos de vista de cada personaje y crear en el espectador una perspectiva más amplia de la historia (s. n. p.). En el filme las diferentes perspectivas influyen al espectador a juzgar, entender y simpatizar con los protagonistas. Primero, la perspectiva de la madre. Lucía necesita trabajar y dejar solos a sus hijos. Ella enfrenta la dicotomía entre ser madre soltera en un país ajeno y a la vez descuidar-cuidar a los niños. Al tener dos trabajos, prácticamente abandona a los pequeños todo el día. Durante su único día de descanso, ella está sumamente agotada y lo único que quiere es dormir. Sin energía, Lucía no pasa tiempo con sus hijos. No convive con ellos y descuida sus necesidades y deseos de jugar. Lucía se compromete con su papel de proveedora, pero se olvida de su rol como madre y como parte de su manada. La madre trabajadora crea de manera inconsciente una pared, un bordo que los niños no entienden y no saben cómo cruzar.

La perspectiva de los niños quienes padecen el abandono y tedio de estar todo el día solos sin poder salir es quizás la más interesante de la trama. Puesto que su situación forzada conlleva el conflicto entre madurar o disfrutar su infancia. Es decir, la dicotomía de hacerse responsables mientras ven pasar su infancia a través de lo único que los conecta con el exterior: la ventana. Los pequeños entienden la necesidad del trabajo de su madre y obedecen las reglas. Sin embargo, no entiende la razón por la cual no llevan una vida "normal" como sus vecinos. No van a la escuela y no pueden salir a jugar. La única interacción que tienen es entre ellos mismos.

La tercera perspectiva es la de la sociedad representada a través de los ojos de los vecinos; principalmente, los arrendadores del conjunto de viejos departamentos en el que viven. Los señores Chang, son una pareja de avanzada edad que discuten constantemente. La señora Chang es la única que parece desarrollar cierta empatía por los pequeños. Los observa y les da de comer. El resto de los vecinos, en su mayoría son solo observadores que no se inmutan al saber que los niños están solos. En este caso, cada perspectiva representa una barrera individual que se atañe a las creencias y costumbres de cada persona. Cada personaje vive en su propia realidad derivada de sus gustos y necesidades.

Otra perspectiva simbólica es la importancia de los objetos en la trama. Los objetos representan una conexión con su cultura y con todo aquello que quedó en México cuando emigraron a los Estados Unidos. La significación fundamental de los objetos recae en la manera en la que influyen a los personajes y les otorgan diversos cambios a sus perspectivas. Los parámetros de las perspectivas identificados por Hartner, percepción, ideología, espacio tiempo y lenguaje (s.n.p.) proveen un acercamiento al mecanismo de construcción de las perspectivas individuales. La vieja grabadora y el foco son objetos inherentes que provocan suspenso y reflexión en la trama familiar. Las perspectivas de los personajes son reevaluadas y recontextualizadas en la historia cuando hay una situación relacionada con estos objetos.

En conjunto, las perspectivas engloban las voces y puntos de vista de cada personaje que va más allá de lo que se escucha, si no de lo que se narra en las imágenes y en los enfoques de la cámara. Al presentar las perspectivas, "el gusto" juega un papel importante. Pierre Bourdieu identifica al gusto como el "principio de todo lo que se tiene" en relación con la cultural, los hábitos y la posición que se ocupa en la sociedad (177). Es decir, los gustos se basan en la crianza y en nuestro entorno social. Emilé Zola refiere que la herencia y el entorno son fundamentales en el desarrollo de la personalidad de un individuo. Los valores familiares se establecen en el hogar familiar. Sin embargo, en el filme de Kishi Leopo, la unión familiar, la familia monoparental, la educación y las necesidades familiares se diluyen en la realidad de la precaria situación que enfrentan Lucía y sus hijos. El gusto referido por Bourdieu se complementa con la idea de "sense of one's place" (237, 2004). Es decir, el sentido de pertenencia en conjunto con las condiciones sociales que se atañen a un espacio. Bajtín identifica al enfoque de la perspectiva como una característica que otorga "uniqueness to the characters and their discourse" (677). La suerte de los personajes está apegada al poder y a la movilidad social que tienen para crear una fuerza unificadora que va más allá del gusto y sus necesidades sociales y simbólicas. "Los lobos son fuertes… aúllan y cuidan su casa" (*Lobos* 2019) enfatiza Lucía antes de salir a trabajar y dejar solos a los niños. El simbolismo del nombre constituye a los lobos como una manada que se apoyan mutuamente para subsistir y, por lo tanto, el reto es permanecer unidos a pesar de las adversidades.

La familia monoparental: madre proveedora.

La sociedad ha cambiado, la inflación hace casi imposible subsistir con un solo sueldo. En la actualidad, las familias tienen que buscar otras formas de sustentarse a la vez que deben de adaptarse a los cambios socioeconómicos. En las últimas décadas el flujo de inmigrantes hacia los Estados Unidos dejó de ser exclusivamente de hombres. El papel de la mujer decimonónica del "ángel del hogar", sumisa y abnegada se ha transformado. Matthew Gutmann en su estudio sobre inmigrantes ilegales refiere que la actividad económica ha cambiado y las mujeres trabajadoras es un fenómeno que ha crecido,

> Migration trends in the last 25 years are directly related to socioeconomic transformations that have affected, at least in the first instance, women: the early part of the 21st century, many more women in Mexico working outside the home... Among the most significant kinds of changes in gender relations in Mexico that have been relevant for understanding gender and migration, we must include broad transformations affecting both women and males (485).

El cambio en los patrones de migración referidos por Gutmann representa una ruptura en la tradición patriarcal, en la cual, la familia permanecía en el lugar de origen y el hombre era quien inmigraba. Ahora, la mujer se ha vuelto jefa de familia, es quien provee el sustento. Sin embargo, como pilar de la familia y madre, al inmigrar, debe llevarse a los hijos y tiene que buscar la forma de subsistir con ellos.

La inmigración ya no es exclusiva para los hombres. Cristina Botinelli menciona que muchas familias además de enfrentar una migración forzada tienen que agregar dificultades psicológicas entre la lucha y la supervivencia por educar para la vida. (269). El papel de Lucía es la imagen de un nuevo tipo de diáspora. Las mujeres inmigrantes experimentan cierta libertad y liberación económica y social en los Estados Unidos. Sin embargo, en el caso de la protagonista, Lucía, sacrifica tiempo con sus hijos porque prefiere dormir y descansar. Asimismo, mediante la creación de nuevos roles familiares y los procesos económicos, surgen nuevas disputas (Gutmann 489). El cambio de roles trae consigo la incertidumbre de cruzar otro tipo de fronteras sociales y emocionales. Ella está sujeta a la situación económica y al entorno familiar en el que vive. Al inmigrar, hay una transformación en la vida familiar que, de acuerdo con Bottinelli, repercute en la psique de los individuos, las familias y las comunidades (265). Al mudarse a Alburquerque, Lucía cambió su rol social. Además, se trajo consigo sus costumbres, la vieja grabadora y un audio casete que contiene la voz de su padre tocando la guitarra. Lucía se enfrenta con la disrupción de su realidad y sus tradiciones. La experiencia de la protagonista implica adaptarse a lo nuevo y "traicionar su identidad de origen" (Bottinelli 266) lo que finalmente resulta en trauma y estrés que se refleja en la fragmentación de la familia en el transcurso de la historia. El espacio social es una metáfora del dilema que enfrenta Lucía, pertenencia y conflicto o lealtad y pluralidad. Resulta complicado asirse a la pluralidad cuando el espacio se convierte en personaje que limita, conecta e influye la experiencia personal. Lucía se siente aislada y no puede asimilarse a la nueva rutina. Las imágenes en su transitar al trabajo muestran la cara triste y desenfocada de la protagonista en contraste con la cotidianeidad de la ciudad.

La familia se establece en Alburquerque, Nuevo México. El lugar es árido, el espacio es dicotómico por su abundancia económica y vacío social. Es un espacio que se convierte en la esperanza de supervivencia para Lucía y la realización del sueño de sus hijos de ir a la "tierra prometida", Disneylandia. Al llegar a vivir en un pequeño y sucio departamento, el espacio se limita a la relación con los gustos y necesidades. El ideal de Lucía está basado en la necesidad de mantener a sus hijos. Bourdieu refiere que los gustos son fundamentados en diferentes tipos de necesidades ligadas a las condiciones sociales de los individuos (177). Asimismo, agrega que, "La necesidad impone un 'gusto de necesidad' que implica una forma de adaptación" (379) y por lo tanto se tienen que aceptar las condiciones ante las cuales se enfrentan para poder cubrirlas. La dinámica que se genera entre el gusto y la necesidad se basa en las condiciones socioeconómicas. Entonces, "the idea that women migrants are necessarily and innately more conservative and protective than men" (Gutmann 491) se vuelve difícil de mantener. La imagen típica de la mujer del hogar se disipa y transpone a un nuevo espacio: el de la fuerza de trabajo. La perspectiva de Lucía es la supervivencia basada en su condición migratoria. Además, la falta de dominio del idioma y la ignorancia cultural la ponen a sopesar lo que es importante en el momento: el dinero. El gusto de Lucía está ligado a la necesidad económica. La protagonista tiene la libertad inherente de decidir y busca asirse a la nueva comunidad. Para la joven madre, atravesar la frontera representó adaptarse a una sociedad que observa, sin inmutarse, las largas y pesadas jornadas de trabajo a las que es sometida sin importar que sus hijos la esperan en casa. Desde la perspectiva de Lucía, su presencia y ausencia se compensan con los audios que les deja en la vieja grabadora.

> Lucía: Ya me voy.
> Max: ¿A dónde? —en tono de reclamo.
> Lucía: Al trabajo, ya te dije.
> Max: Nos cambiamos y vamos contigo.
> Lucía: No se puede. Necesito trabajar para que podamos tener dinero y podamos estar bien.
> Leo (interrumpe): ¿Para ir a Disney?
> Lucía: Sí, para ir a Disney.
> Leo: ¡Disney! ¡Disney… Disney...!
> Max: Cállate —refiriéndose a Leo.
> Lucía: ¡Hey… no empiecen! Vamos a necesitar reglas —Toma la grabadora y empieza a dictar las reglas, mientras los pequeños la observan con atención. Regla número 1: No salir nunca del departamento… Regla número 2: No pisar la alfombra sin zapatos. Regla número 3: Mantener limpio el departamento. Regla número 4: Cuidarse entre hermanos. Regla número 5: Abrazarse después de una pelea, sin dedos majaderos… Regla número 6: No llorar. Regla número 7: No decir mentiras (*Lobos* 2019).

Al terminar la grabación, Lucía dirige la mirada a Max y le dice con voz tajante y amenazadora que es él quien está a cargo. El pequeño regresa la mirada con cara de molestia y desafío, pero acepta la tarea. La estrategia de supervivencia adaptada por la protagonista es una forma de mantenerse cerca de sus hijos. Aunque físicamente no lo está, ella busca mantenerse presente a través de su voz y las reglas que grabó. En este caso, existe una "sobrecarga de roles y funciones" (Bottinelli 10) que indudablemente sitúa a los protagonistas en una situación de vulnerabilidad y riesgo.

Cada mañana, cuando Lucía se dirige al trabajo, la acompañan secuencias de imágenes de personas reales de Alburquerque. Un aciano sin dientes, una mujer con aspecto punk, un afroamericano, un vaquero americano... vecindarios y calles solas y al fondo el desierto. Estas imágenes representan la cotidianeidad, reflejan la lentitud y la pesadez de la jornada de trabajo. Estos "parajes urbanos corresponden... a otras tantas figuraciones que conducen a la abyección, a la degradación y el desorden del seno social" (Berumen 36). Las calles abandonadas son el vacío que siente Lucía en ese lugar ajeno a su Tlajomulco, Jalisco. Sin embargo, la expectativa de Lucía es que sus hijos se cuiden el uno al otro y obedezcan las reglas de convivencia que les deja grabadas. Leonardo García define a Lucía como una heroína que "consigue sonreír a pesar de todos los sacrificios (s. n. p.). En palabras de Zamora, la madre inmigrante es "un pilar de la familia que lucha en contra de los embates negativos de la sociedad estadounidense" (s. n. p.). En la escena final, Lucía lleva a sus hijos a un parque de diversiones local. Aunque no es Disneylandia, ella se ve satisfecha. Con respecto a lo anterior, Bottinelli refiere que el impacto de la migración forzada se refleja en "la reconstrucción de la estabilidad personal que obliga a un 'reequilibramiento' constante (269). Ella trata de sonreír, pero le cuesta trabajo. Al fin de cuentas la perspectiva está centrada en la adaptación y la supervivencia. Lucía no es un ángel o un demonio si no un ente producto de su condición social y sus experiencias personales.

Dicotomía en la infancia: madurar o disfrutar

Las necesidades típicas de un niño pasan a segundo plano ante la precaria situación económica en la que viven Lucía y sus hijos. La perspectiva de Max, el hijo mayor, es quizás la más interesante en la trama. El niño es quien observa y cuestiona con detenimiento las actividades de su madre. Al mismo tiempo, tiene la responsabilidad de cuidar de Leo, su hermano menor. Sin embargo, no puede hacer a un lado sus propias necesidades. Gustavo López Castro menciona que los hijos de inmigrantes sufren un cambio en su vida afectiva, cultural, educativa, y lúdica (s.n. p.). La dinámica familiar se genera en base a la distinción de los dilemas y decisiones de Max. El gusto de la necesidad, el cual conlleva el instinto de supervivencia y obligación y el gusto de libertad social de ser y convivir con otros niños (Bourdieu 33). El proceso de adaptación, socialización y desarrollo se vuelve parte de una nueva experiencia en la cual se deben de negociar diversas perspectivas y deseos. Además, el reequilibrio identificado por Bottinelli ligado al proceso de migrar de manera ilegal crea situaciones y conflictos personales de lealtad familiar e individual. La matriz familiar cambia. Hay una reestructuración de roles y obligaciones y, por lo tanto, se forman desafíos en núcleo familiar y el ciclo vital del individuo (Bottinelli 270). La disyuntiva familiar se centra en el espacio en el que sucede la historia y las nulas interacciones que tienen los protagonistas con otras personas fuera de su entorno.

El espacio juega un papel determinante en la trama. El pequeño y sucio departamento es un área en la cual Max y Leo están sujetos a forjar su identidad. La necesidad de socializar y convivir con otros niños es identificada por López Castro como fundamental en el proceso de formación de los niños. Sin embargo, al ser partícipes de "un proceso migratorio cambia la manera de concebir la vida" (López Castro s. n. p.). Max y Leo están confinados al espacio restringido por su madre. "El espacio permea la experiencia de los personajes desde los márgenes difusos y condicionados por su condición migratoria y económica" (126). Los niños se ven forzados a reconfigurar su entorno e introducen nuevos códigos para su funcionamiento y permanencia. Una estrategia desarrollada es jugar a los superhéroes. Max y Leo dibujan en la pared su historia sobre lobos ninjas.

> Leo: ¿Quieres jugar a los lobos ninjas?
> Max: Puedo destruir todas las cosas con mis puños. Tu eres rápido y te estiras…
> Leo: Hay que usar el foco porque si no nos van a matar [a] todos.
> Max: Hay que escaparnos con el foco. Escuché que mi mamá le dijo a la vecina que mi papá se había ido por el foco (*Lobos* 2019).

Los comics son "una representación de la audacia y la libertad" (Bourdieu 86) que tanto añoran. El tedio de los niños se enfatiza con las secuencias de imágenes sin sonidos. El movimiento supera el diálogo. La creación visual permite la apreciación de la percepción desde la mirada de los niños y la forma en la que pasan su día a día. Son niños inocentes, dejados a su suerte y mediante su imaginación crean una dinámica de convivencia.

Por otra parte, además de jugar a los superhéroes, jugar al futbol con una pelota de papel, dibujar en la pared, hacer ejercicio, Max observa a otros niños que juegan en el patio del edificio. El pequeño empieza a llamarles por el color de la playera que visten y finalmente les insulta gritándoles "mensos". La reacción agresiva de Max es una forma de recalcar su "autoridad" frente al pequeño Leo quien observa e imita todo lo que su hermano mayor hace. Los otros niños tocan a la ventana e invitan a los pequeños lobos a salir a jugar. Max les dice que no puede salir porque su mamá no le da permiso. Los niños se alejan. La reacción de Max es la obediencia y no se deja "seducir por el entusiasmo" (Bourdieu 33) de salir a jugar. Al respecto, Edith Mora menciona que los individuos en este tipo de entornos condicionados entienden que su permanencia depende de su asimilación y obediencia (135). En ese momento, el pequeño respeta las reglas de su madre y sabe que no debe dejar solo a su hermano y que la supervivencia de la manada está a su cargo.

La situación inicial de obediencia se antepone al gusto social de convivencia con otros. Max en un intento desesperado trata de salir del departamento, abre la puerta, fija su mirada en el patio, pone un pie afuera y se retracta de inmediato. Al entrar al departamento, dirige su mirada al foco y al reloj, en ese momento recuerda lo que dijo su madre, "Cuando el reloj marque las siete voy a regresar" (*Lobos* 2019). La mirada de Max refleja enfado y frustración por el tedio. Por lo tanto, aprovecha cada ocasión para hacerle notar su molestia a Lucía, "Dijiste que ibas a llegar a las siete" (*Lobos* 2019). Sin embargo, Lucía le responde de manera tajante, "No alcancé. Pero ya estoy aquí" (*Lobos* 2019). Max observa de manera inquisitiva a su madre como si quisiera leerle la mente y saber la razón de su tardanza. La mira de arriba hacia abajo, mientras mantiene los brazos cruzados. Se empieza a evidenciar mediante el lenguaje corporal la impaciencia del pequeño quien a su vez empieza a sentirse atraído por el entusiasmo colectivo del afuera al ver a otros niños jugar muy animadamente en el patio.

El discurso establecido por Lucía sobre la supervivencia y las reglas de convivencia son constantemente cuestionados por Max. El exceso de aislamiento genera tensión en la manada. Se empieza a evidenciar cierta fragmentación en cada uno de los integrantes y la convivencia se va modificando conforme avanza la trama. Mora identifica a la cotidianeidad como una señal de decadencia que vaticina una destrucción (134). Decadencia que se distingue en la película,

> Max: Ya nos aprendimos las lecciones, ya sabemos cómo pedir un `boleto en inglés.
> Lucía: Disney está muy lejos, no los voy a llevar ahorita.
> Max: ¡Tú lo prometiste!
> Lucía: Nunca les dije que los voy a llevar ahorita. Es domingo, yo al rato tengo que ir a trabajar. Déjenme dormir por favor.
> Max y Leo: We want to go to Disney! We want to go to Disney! We want to go to Disney!...
> Max: Mentirosa
> Lucía: ¿Qué dijiste?
> Max: Por tu culpa mi papá se fue por el foco…

Lucía le da una cachetada, mientras el pequeño Max la mira de manera retadora. Lucía se levanta y se encierra en el baño. Max susurra, "Regla número 7" (*Lobos* 2019). La regla referida es "no mentir". En su estudio, Zamora refiere como algo común cuestionar los valores, las lealtades y las costumbres familiares de los inmigrantes (s. n. p.) sin considerar las condiciones de necesidad y la falta de apoyo con la que muchos migrantes llegan a establecerse a los Estados Unidos. Para Max, el rencor acumulado se transforma en el rompimiento de las reglas y salir del departamento.

> Max: Voy a salir. Te quedas cuidando.

Leo: Mi mamá nos regaña.
Max: Mi mamá no respeta las reglas.
Leo: ¡Max! (*Lobos* 2019).

Con respecto a la lealtad, Simón refiere que "es un sentimiento de solidaridad y compromiso que unifica las necesidades de una unidad social y los pensamientos y motivaciones de cada miembro con el grupo" (Citado en Bottinelli 272). Afuera, Max deambula en el vecindario, mira al cielo desconcertado y triste. Finalmente, su atención se dirige a un grupo de niños que tiran botellas a la pared y golpean cajas de cartón.

Kevin: ¿Te dejaron salir?
Max: ¿Puedo jugar?

Kevin asiente con la cabeza. Mientras Max se acerca y descarga su ira golpeando cajas y tirando botellas. Las botellas rotas y los golpes a las cajas representan el rompimiento de las reglas por Max. El pequeño reacciona negativamente ante la promesa incumplida por su madre de llevarlos a Disneylandia en cuanto se aprendieran las reglas y las lecciones de vocabulario que les dejó asignadas. Max desafía a su madre y sale del departamento sin importar dejar sin protección al pequeño de la manada.

Solo en el departamento, Leo observa con atención el foco. Abre la puerta, la cierra y voltea rápidamente a ver al foco. De repente escucha a los vecinos tener relaciones sexuales. Sin pensarlo, sale corriendo y pisa el audio casete en donde está grabado su abuelito tocando la guitarra. Hay un quiebre múltiple, la desobediencia de los niños conlleva al quebrantamiento de la manada. Bottinelli identifica a la familia como una fuente de pertenencia y referente de identidad (5). Sin embargo, mediante las escenas lentas, sin sonido y la mirada fija de los personajes se aprecia la vulnerabilidad familiar y el posible riesgo. Al romper las reglas, los lazos de pertenencia se debilitan y generan un mayor conflicto y cuestionamiento de la situación.

Max: Ma, ¿cuándo vamos a ir a la escuela?
Lucía: Pronto, tengo que arreglar unas cosas.
Max: Ma…
Lucía: ¡Ya duérmete!

Lucía no les permite jugar. Además, "les censura y no les permite expresarse" (Bottinelli 273) como niños y su proceso de canalizar lo perdido. Los pequeños no han tenido tiempo de vivir su proceso de duelo y de adaptarse a su nuevo entorno. Viven enajenados en sus historias de ninjas y la esperanza que les brinda dirigir su mirada al foco.

En las comunidades de inmigrantes puede surgir una nueva forma de "barbarie positiva" (Llorens 82) que expresa un horizonte de nuevas posibilidades y experiencias que surgen a partir de la descomposición y la imaginación. En el caso de Max y Leo, este tipo de "barbarie positiva" surge al colisionar su realidad ficcional dentro del departamento con la realidad externa. No existe un vínculo emocional o físico con el exterior. Por lo tanto, no hay una transición a la nueva forma de vida, situación que crea conflictos emocionales en los pequeños. El ideal, ir a Disney, se convierte en un sueño lejano. Max y Leo continúan labrando su realidad mediante los lobos ninjas que luchan por no quedarse solos pero tampoco quieren irse por el foco. Por lo tanto, el foco se convierte en el enemigo a vencer para que no termine destruyendo a la familia.

Percepciones sociales: el espacio y la comunidad

El filme inicia y termina con la voz de Leo cantando y describiendo todo lo que ve. Así se establece una relación desde la perspectiva entre la imagen y la palabra en cada uno de los personajes.

Leo (cantando): cuando el reloj marca la una, las calaveras salen de su tumba… chúmbala cachumba la… chúmbala cachumba la…cuando el reloj marca las dos…
Lucía: ¿Qué ves?

Leo: Un pino…
Lucía: Se llama nopal.
Leo: …nopal, una playa… un hotel… un camino… un castillo y arena…
Lucía: Y tú Max, ¿qué ves?
Max: (silencio) …nada
Max: ¿Ya vamos a llegar a Disney? (*Lobos* 2019).

El silencio de Max provee la alternativa al espectador de entender el fenómeno del multi-perspectivismo, las cosas no son lo que vemos si no lo que percibimos y sentimos. La descripción de lo que el pequeño Leo ve no concuerda con las imágenes mostradas en las secuencias: el Puente Internacional Córdova de las Américas, las casetas de los agentes de migración, el relieve montañoso, un camino solitario y desértico, y al fondo, una nube negra que pareciera presagiar la tormenta que va a enfrentar la recién llegada familia. Además, la lentitud en las secuencias se enlaza con lo que se narra mediante las imágenes y se orienta a la producción de emociones en el espectador. Carlos Aguilar menciona que el productor, Samuel Kishi Leopo, "does not overlook the harsh truths but returns to hope; it's capable of both bonding and healing" (s. n. p.). A lo anterior, se agrega que "Las varias remembranzas, imágenes y asociaciones empotradas [en la historia] cuentan relatos espaciales…que sirven como medio de transporte colectivo" (Boruchoff 364). Albuquerque representa la paradoja entre el espacio desértico y la idea de fructificar. El enfoque cultural y social se enfatiza mediante la mirada de Kevin, el vecino que incita a Max a jugar. La señora Chang, quien en un gesto de sororidad ayuda a los niños y el resto de los vecinos cuya focalización en la trama es la de mostrar la pobreza, la delincuencia, la "barbarie" que existe en el área. Thompson menciona que "no podemos conocer a las personas por sí mismas, si no solo las ideas formadas a partir de las sensaciones que tenemos de ellas" (48). Estas ideas se configuran en la percepción del espectador quien se vuelve testigo de la trama.

La necesidad natural de un niño de convivir y jugar se ve opacada ante el encierro en el que viven. Kevin lleva a un grupo de adolescentes al departamento de Max y Leo. Entran sin permiso. Empiezan a recorrer y criticar el lugar, a burlarse de las condiciones en las que viven. Revisan los pocos objetos que hay en el espacio, se adentran en la intimidad familiar y hacen mofa de ella. Asimismo, los otros chicos empiezan a hablar en inglés y Kevin les hace notar a sus amigos que los niños no hablan inglés. Situación que provoca más burlas y críticas. Finalmente, se sienten aburridos y se van. Kevin, al salir del apartamento, los invita al parque para que salgan a pasar tiempo con ellos. Ante la mirada atónita de Leo y la evidente frustración de Max, quien falla al intentar bloquearles la entrada, éste sentencia a Leo para que no le comente lo sucedido a su mamá. La escena siguiente es un vaticinio de lo acontecido y a lo que sucede en la historia. Las caricaturas lobos ninjas pelean contra un grupo de simios y pierden la contienda.

Al día siguiente, Lucía busca de manera inútil la lata de papas fritas en la cual guardaba el dinero que estaba ahorrando. Despierta a los niños y ellos le confiesan lo sucedido. Al ir a buscar a Kevin son confrontados por la tía de éste, una mujer mal encarada cuya mirada destila odio. Kevin observa a Max con pena y remordimiento. Sin embargo, niega los hechos. Lucía y sus pequeños son oprimidos por la falta de empatía de sus connacionales. La tía los insulta, los corre y condena la acusación hecha por los niños. La percepción de la tía y de Kevin es que, en ese microespacio que es el conjunto de departamentos, de acuerdo con Bourdieu, los recién llegados pueden ser excluidos y rechazados por su condición económica y social (101). Kevin no es el único que se muestra indiferente. Los otros niños deciden ignorar a Max y Leo quienes les observan jugar en el patio a través de la ventana.

Los niños del vecindario no son los únicos que se percatan de que Max y Leo están en la ventana, la señora Chang les observa y les saluda a lo lejos. Ellos responden al saludo. A los pocos minutos la señora Chang les lleva comida.

Sra. Chang: Hungry? Hmmm… Food for you! Bueno, ok?
Max: (en silencio, solo asiente con la cabeza).
Sra. Chang: Eat, ok? This brother, this you.

Al llegar Lucía les cuestiona sobre la comida y Max le aclara que "la señora china" se los regaló. Lucía no presta mayor atención a la situación de que sus hijos quizás están pasando hambre y empieza a recoger los juguetes del piso y a limpiar.

Cuando la realidad y la experiencia no concuerdan con la perspectiva y las expectativas de vida, se crea una tensión continua. Hacia el final de la película, Lucía llora afuera del departamento y observa a la señora Chang, la arrendataria, salir de su departamento después de discutir con su esposo. Durante unos segundos, las miradas se cruzan y se crea una conexión, un mensaje de sororidad entre mujeres. Lucía dirige su mirada al cielo y exhala. La secuencia ayuda cambiar la percepción entre ambas mujeres. La imagen sobrepasa el entendimiento que un diálogo pudiera tener en el espectador.

Sin dinero, la perspectiva de Lucía cambia. Cuenta los pocos dólares que tiene mientras Leo y Max pelean por unas galletas. Es evidente que los niños tienen hambre. La protagonista se siente frustrada. Al mismo tiempo no puede ocultar su enojo con Max. En cierto momento dirige su mirada al piso y ve un cartel de un "albergue y grupo de rehabilitación" en el cual ofrecen ayuda a los inmigrantes. Lucía y sus hijos van al albergue y al banco de comida para pedir ayuda. Ahí, además de la comida, logran conectarse con otros migrantes. Los niños conviven con otros niños y de esta forma la familia empieza a adherirse un poco más a la comunidad. En la línea de la comida Max se da cuenta que Kevin también es parte del grupo, sus miradas se cruzan, pero Kevin no puede sostener la mirada. Max permanece impávido observándolo. La perspectiva de Max es de sorpresa y empatía. La perspectiva de Lucía desde su ignorancia por la ayuda que se brinda cambia. Sin embargo, en su mirada se refleja la pena de pedir ayuda y aceptar que no puede sostener a su familia. Las imágenes del albergue son un referente de la vida de muchos inmigrantes en el país y se conectan deliberadamente en la trama con la familia protagonista.

La noche de Halloween los otros niños tiran huevos a la ventana de los pequeños lobos. La señora Chang logra ahuyentar a los pequeños rufianes e invita a Max y a Leo a salir a pedir dulces.

Sra. Change: Repeat, ok? Trick or treat!
Max y Leo: Tlick or click
Sra. Chang: Trick or treat!
Max y Leo: Tric or truck
Sra. Chang: (con voz lenta y fuerte) Trick o treat!
Max y Leo: Trick or treat!
Sra. Chang: Arg! ok!

Las siguientes secuencias son de los niños recorriendo el vecindario de la mano de la señora Chang. Los lazos que se crean "de la migración, a pesar de sus matices, conlleva el dilema de adaptación a las nuevas formas de vida y aprendizaje" (Botticelli 5). El choque de culturas se presenta al celebrar Halloween con la señora Chang y los pequeños mexicanos disfrazados. También hay altares de muertos como reflejo de la dicotomía cultural. Sin embargo, se visualiza la unión y solidaridad que puede existir durante las festividades. Para los personajes, resulta necesario aprender del otro para mostrar sororidad y empatía. Las perspectivas simultaneas cuando recorren el vecindario son muy vivas. Los niños observan todo como novedad. La señora Chang guía y cuida de los pequeños y el resto de los vecinos pasan sin notarlos. La realidad es comprendida entre los espectadores.

En cierto momento, Max se percata de un hombre con aspecto de vagabundo que absorbe humo de un foco. Lo observa con mucho detenimiento y su mirada enfocada por la cámara proyecta sorpresa y comprensión de lo que pudo haber sucedido con su papá, de quién sabe que "se lo llevó el foco". La señora Chang lo mira con detenimiento sin entender el embeleso de Max. Boruchoff argumenta que la inmigración forzada conlleva a una reconfiguración de la identidad, cambios de conciencia en relación con los espacios sociales en los cuales los individuos se establecen y desarrollan (356). Los tres continúan su camino mientras la imagen del hombre se pierde en el humo que emana del foco. Cuando llega Lucía a su departamento, ajena a lo sucedido, despierta a Max y le pregunta de qué se habían disfrazado. Max responde, "De ninjas. Mira, también hicimos uno para ti" (*Lobos* 2019). Lucía se pone su "máscara de ninja" y sin pensarlo abraza al pequeño. La dinámica de adaptación y la redistribución de los sentimientos reafirman la confianza en la manada. La perspectiva de la oscuridad del cuarto se contrapone con la luz que ilumina su mirada y sus sonrisas al reconciliarse mediante un abrazo. En ese momento, Lucía logra liberar a sus hijos "de los duelos de los padres [y] les permite comprometerse en nuevas relaciones afectivas disminuyendo el temor a volver a vivir pérdidas" (Bottinelli 15). Al terminar el duelo por lo perdido, los protagonistas se transforman en su contexto y crean una percepción enponderadora del mundo externo.

La perspectiva de lo omnipresente

La cultura puede hacerse presente mediante las acciones y los objetos materiales. Al migrar, las personas viajan ligero y solamente llevan consigo memorias y un par de objetos. Boruchoff refiere que además de las perspectivas y las identidades, los objetos culturales contribuyen a la creación de formas y relaciones sociales (357). Asimismo, identifica a "la cultura material" (357) con expresiones subjetivas que conllevan valores compartidos y relaciones sociales. Los objetos son también una forma de arraigo a la patria. En la historia se identifican dos objetos de importancia, la vieja grabadora con el audio casete y el foco. La importancia subjetiva de los objetos en la historia recae en la influencia etérea que tienen para los protagonistas. Además, sirven como recuerdos que facilitan la conexión con las personas o lugares de dónde provienen.

La grabadora de Lucía tiene grabado un audio de su papá tocando la guitarra. Este objeto sirve de anclaje cultural para ella. Boruchoff escribe que los objetos, por servir como recuerdos, facilitan la creación de continuidades en el espacio y tiempo (357). Hay una aparente satisfacción del gusto simbólico ligado al recuerdo de su padre que conlleva un tipo de seguridad emocional. El significado de la grabadora está ligado no solo a su padre si no a su lugar de origen. En ciertos momentos al sentirse triste, Lucía escucha el audio, "¿Quieren escuchar a su abuelito?" pregunta Lucía mientras presiona el botón de *play*. Se escuchan los acordes de una guitarra en la vieja grabadora. El sonido es interrumpido por lo que suena como el toque a una puerta y la voz de un hombre que grita, "espérenme, ahí voy" (Lobos 2019). La cámara enfoca la mirada perdida de Lucía cuyo pensamiento es interrumpido cuando alguien toca a su puerta. Tales remembranzas y asociaciones mentales con "personas que no están físicamente" (Boruchoff 357) crean un paralelo de conexión espacial y sentimental.

Sin embargo, cuando Leo se queda solo y sale asustado del departamento, sin darse cuenta, pisa el audio casete y lo rompe. Al ver a Lucía triste y llorando en el baño, Leo le confiesa a su madre, "Mamá, maté a mi abuelo" (*Lobos* 2019). La madre lo mira con tristeza al mismo tiempo que lo abraza. La perspectiva de la pérdida física del objeto y su impacto emocional se hace visible en la mirada de Lucía. La construcción identitaria de Lucía está ligada figurativamente del audio casete. Al ya no existir, "Se forma un vacío, como una metáfora de la falta de porvenir" (Gonzalbo 155). El trauma del robo del dinero, la destrucción del audio casete, el estrés laboral y la falta de solidaridad a la que se enfrenta Lucía la pone en perspectiva de su realidad familiar.

En la trama se sabe que el padre de Max y Leo "se fue por el foco". Esta frase provee distintas interpretaciones que se aclaran en cierta forma cuando los pequeños salen a pedir Halloween con la señora Chang. El foco representa al padre que no está de manera física pero que se hace presente mediante el objeto. Al respecto, Bajtín refiere que el enfoque en el objeto, el foco, ayuda a la representación del sujeto (677). En este caso, el esposo ausente. Los niños observan con atención al foco antes de romper las reglas impuestas por Lucía. Asimismo, cuando están solos, examinan detenidamente el foco. Cuando juegan a los lobos ninjas Max refiere que deben irse con el foco para evitar que les hagan daño,

> Leo: Hay que usar el foco porque si no nos van a matar a todos.
> Max: Hay que escaparnos con el foco (*Lobos* 2019).

Los pequeños buscan conectarse con su padre mediante el juego. La perspectiva en este caso es la de un padre que, de manera figurativa, se hace presente mediante el foco. Los niños se sienten vigilados y perciben la pesadez de la figura del foco. Schmidt refiere que este tipo de perspectiva simbólica es "intrinsic multiperspectivity… [that] provides an alternative angle of approach to the analysis of the point of view" (s. n. p.). El padre ausente representado en el foco es literalmente una luz que se prende y apaga en la mente de los pequeños. Es decir, resulta irónico que la ausencia del padre se convierta en un referente de juicio para los niños y para la misma Lucía. La única referencia en la historia sobre el padre es el foco. Los niños no hablan con Lucía sobre su padre, saben que es un tema prohibido.

> Max: ¿Por qué estoy tan chaparro?
> Lucía: Porque saliste a mí.
> Max: ¿Y Leo salió a mi papá?
> Lucía: Ninguno de los dos salió a su papá.

En la mirada cabizbaja de Max se refleja tristeza y confusión, la siguiente imagen que se proyecta es el foco. Es evidente la confusión de Max y la molestia de Lucía sobre el tema. Sin embargo, se percibe que el padre sigue en sus vidas mediante el objeto enfocado por la cámara.

Por su parte, durante la trama, cuando Lucía vuelve del trabajo descubre que Max conserva la cartera de su padre y una foto. Sin pensarlo, toma la foto y la arruga con mucha fuerza. El enfoque de la cámara está en la mano de Lucía quien al soltar la fotografía supera su duelo y el punto de atención se vira hacia los niños que duermen en el piso. En este momento, Lucía crea conciencia de su realidad y forja su independencia del esposo ausente. La secuencia establece una doble perspectiva, "a strong shift in the direction of subject" (Hurtner s.n.p.). Además, en perspectiva, la conciencia de los personajes refiere Bajtín, "lies on the borderline between oneself and the other" (677). El poder sugestivo de los objetos, el foco y la grabación, se ha disminuido. Es decir, el punto semántico de la relación de Lucía con el esposo se rompe y se estrecha la relación con los hijos. Al mismo tiempo, Lucía comprende que su deber es convertirse en un agente de cambio para ella y para sus hijos.

La perspectiva desde afuera recae en el papel del espectador omnisciente. La perspectiva permite una valoración adicional al discurso de cada personaje y por lo tanto influye al espectador en crear una imagen positiva y empática o negativa y hostil hacia los personajes (Bajtín 683). En un filme, los espectadores buscan conexiones que evoquen a sus propias vivencias. Asimismo, el espectador se vuelve juez y verdugo de los personajes. Al respecto, Boruchoff refiere que los entendimientos culturales pueden trascender a las personas, las acciones y otras formas materiales (356). Sin embargo, facilitan la creación de espacios comunes, de conexiones culturales y de entendimiento social. La verdadera perspectiva ahora es la comprensión de la realidad en la que viven y que va más allá de sus propias creencias y valores si no que conlleva la comprensión y apoyo mutuos. Cuando van al albergue, la perspectiva engloba muchos personajes que son parte de una comunidad y que brinda apoyo y esperanza.

Conclusión

Los procesos de inmigración han cambiado. En la actualidad es común que familias enteras o familias monoparentales inmigren hacia los Estados Unidos. El flujo de inmigrantes conlleva el movimiento de la cultura y la tradición. Maciel refiere que "in México media portrayal of the immigrants experience have contributed toward the move for political action on the subject" (149). Si bien, es cierto lo referido por Maciel, la realidad es que el ideal del "sueño americano" sigue siendo perseguido por muchos a pesar de los conflictos políticos y sociales. Samuel Kishi Leopo, utiliza el poder de la cinematografía para presentar las perspectivas de una familia que inmigra a los Estados Unidos. A través de las miradas, el espectador puede adentrarse a los pensamientos y necesidades de los protagonistas. En este caso, las perspectivas de Lucía, una madre soltera, la de Max el hijo mayor de Lucía y la del pequeño Leo se unen para trasmitir las avenencias y desavenencias de aquellos que persiguen un ideal.

Además, contrario a lo referido por García Acevedo, "most of these films end in tragedy. The migratory experience is consistently portrayed negatively" (154). La película termina con el mismo diálogo con el que inició, Leo cantando y describiendo lo que ve. Sin embargo, las escenas ahora enforcan un vecindario viejo, el sucio departamento, la diversidad de gente que habita el área, vagabundos, drogadictos, etc. Y al final, cuando Lucía le pregunta a Max qué ve, hay un silencio rotundo. El pequeño no responde, mientras el espectador visualiza la imagen de la familia unida con mirada desafiante hacia el horizonte. A través de la imagen, Lucía y sus hijos legitiman su historia y en ese momento crean un sentido de identidad y pertenencia en ese espacio que no es "la tierra prometida", Disney, pero es un lugar que les otorga la oportunidad de empezar más fuertes y unidos. Si bien, no es un final necesariamente feliz. La imagen de la familia unida brinda al espectador un sentimiento de esperanza y empatía hacia la familia de Lucía. La perspectiva negativa arraigada a este tipo de filmes se contrapone con el final "casi feliz" en *Los lobos.*

Además, las percepciones de cada personaje están sujetas al gusto y necesidad individual. Estas necesidades crean tensiones y conflictos familiares que en un momento irrumpen la unión familiar y la solidaridad. Sin embargo, la señora Chang y su bondad ayudan a los "lobos" a mantener fuertes, unidos y a sobrevivir las tentaciones derivadas del gusto simbólico y la necesidad social. El "corte humanista" (García Tsao s. n. p) y original de la trama expone la vida de los inmigrantes mexicanos. La perspectiva de la inocencia de los hermanos se contrapone a la indiferencia de los vecinos. Las carencias socioafectivas de la familia de Lucía se adhieren a la problemática que muchos inmigrantes experimentan en busca de un futuro estable y seguro. Indudablemente hay un duelo múltiple en la trama por mudarse a un nuevo país, por la pérdida de las tradiciones y el desarraigo familiar. Sin embargo, el deseo y los sueños comunes prevalecen. Al final, los lazos familiares persisten, el amor filial se antepone ante cualquier diferencia y se logra una comunión entre la realidad sostenible, ir a un parque de diversiones local, y el valor de la manada. La paradoja de la historia se centra en aprender del otro y mostrar solidaridad y empatía ante las dificultades.

Bibliografía

Aguilar, Carlos. "*Los Lobos* movie review & film summary (2020). Roger Ebert." Https://Www.rogerebert.com/, 31 July 2020.

Berumen, Humberto Félix. *Tijuana La Horrible: Entre La Historia y el mito.* Colegio de la Frontera Norte, 2011.

Bourdieu, Pierre. *La distinción: Criterios y bases sociales del gusto*. México, Taurus, 2002.

Echegoyen, Javier. "Ortega y Gasset - Filosofía Contemporánea - Filosofía Española –Raciovitalismo - Perspectivismo." *Torre De Babel*, 18 Sept. 2022, e-torredebabel.com/ortega-y-gasset-filosofia-contemporanea-espanola-raciovitalismo-perspectivismo/.

García Tsao, Leonardo, Desarrollo de medios, S. A. de. "La Jornada: buena camada." www.jornada.com.mx, 12 June 2021, www.jornada.com.mx/2021/06/12/opinion/a06a1esp. Accessed 25 Oct. 2022.

García-Acevedo, María Rosa. "The Narrative Films of Mexican Immigration." *Culture across Borders Mexican Immigration & Popular Culture*, by David R. Maciel, Univ. of Arizona Press, 1998, pp. 149–202.

Gozalbo Felip, Mónica. "El puente colgante sobre el Río Bravo. Bordeando el cine de frontera." *Guaraguao*, vol. 14, no. 34, 2010, pp. 149–162, www.jstor.org/stable/25703238. Accessed 25 Oct. 2022.

Gutmann, Matthew C. "Dystopian Travels in Gringolandia." *Ethnicities*, vol.4, no. 4, Dec.2004, pp. 477–500, 10.1177/1468796804047470. Accessed 20 June 2020.

Hartner, Marcus. "The living handbook of Narratology." *Multiperspectivity: the Living Handbook of Narratology*, University of Hamburg, Apr. 2014, www-archiv.fdm.uni-hamburg.de/lhn/node/37.html.

John Brookshire Thompson. *Ideología y cultura moderna.* Universidad Autónoma Metropolitana, 1998.

Llorens, María. "Abel Gance y las posibilidades de la experiencia estética después de La Gran Guerra. Constelaciones culturales y artísticas en torno a tres films: J'accuse (1919), La Roue (1923) y Napoleón

(1927)." Forma: Revista d'Estudis Comparatius. Art, Literatura, Pensament, vol. 13, no. 13, 15 June 2016, pp. 79–94, www.raco.cat/index.php/Forma/article/view/318444. Accessed 25 Oct. 2022.

López Castro, Gustavo. "Cuadernos - Patrimonio cultural y turismo" Patrimonioculturalyturismo.cultura.gob.mx, CONACULTA, patrimonioculturalyturismo.cultura.gob.mx/cuadernos/cuaderno6_4_12.php. Accessed 25 Oct. 2022.

Martin, Marcel. "Introducción." *El lenguaje del cine*, por Marcel Martin, Barcelona, Gedisa, 2002, pp. 17–35.

Mummert, Gail (ed.).1999. "Fronteras fragmentadas", Cristina Bottinelli "La pertenencia a dos culturas: Un aprendizaje para la vida", Colegio de Michoacán, CIDEM, México: 375-390.

--- .1999. "Fronteras fragmentadas", Judith Boruchoff "Equipaje cultural: objetos, identidad y trasnacionalismo.", Colegio de Michoacán, CIDEM, México: 499-518.

Ordóñez, Edith Mora. "Estética de los lugares de paso en la literatura de la frontera norte de México." *Chasqui*, vol. 45, no. 2, 2016, pp. 122– 138, www.jstor.org/stable/24810829, 132.174.252.111. Accessed 25 Oct. 2022.

Rivkin, Julie, and Bourdeau, Pierre. "Distinction." *Literary Theory: An Anthology*, Blackwell Publishing Ltd, Malden, MA, 2004, pp. 331–347.

---, and Bajtín, Mikhail. "Discourse in the novel." *Literary Theory: An Anthology*, Blackwell Publishing Ltd, Malden, MA, 2004, pp. 675–685.

Schmid, Wolf (2011). "Perspektive." M. Martínez (ed.). *Handbuch Erzählliteratur*. Stuttgart: Metzler, 138–45

Thompson Brookshire, *John. Ideología y cultura moderna*. México, UAM1998.

Zamora. "Fronteras Fragmentadas, Identidades Múltiples de Gail Mummert - Research & Seminars. Migration Dialogue." Migration.ucdavis.edu, 2004,migration.ucdvis.edu/rs/more.php?id=36. Accessed 25 Oct. 2022.

II

Diásporas y éxodos en la literatura hispanoamericana y Latina en los Estados Unidos

Violencia y diásporas en tres generaciones: Víctor Hugo Rascón Banda, Guillermo Arreola y Geney Beltrán

Gabriel Osuna
Universidad de Sonora

Resumen

El objetivo del presente capítulo es determinar cómo aparece la interacción entre violencia, representación del espacio y escritura en *Contrabando* (2008), de Víctor Hugo Rascón Banda, *La venganza de los pájaros* (2006), de Guillermo Arreola y *Adiós, Tomasa* (2019), de Geney Beltrán, tres novelas cuyas historias se desarrollan en pueblos de la Sierra Madre Occidental en el noroeste de México. Mediante el análisis de cada uno de los textos, hemos encontrado que las historias coinciden en un punto: el fenómeno de la violencia es el origen de un destino, que consiste en la migración forzada hacia los centros urbanos y hacia la frontera norte. Santa Rosa de Uruáchic (Chihuahua), Tayoltita (Durango) y Chapotán (Durango) son pueblos cuya representación se profundiza con las historias que les dan rostro. Los protagonistas en su mayoría se convierten en migrantes que terminan llevando consigo sus propias historias de familias desplazadas o de individuos que han padecido la violencia en niveles inimaginables. Hemos encontrado que el material narrativo de esta literatura está vinculado en buena medida con la realidad predominantemente trágica del entorno, que obliga a los sobrevivientes a vivir en medio de la lógica impuesta por la economía del narcotráfico y sus tecnologías de la violencia, pero también obliga a muchos de ellos a formar parte de las diásporas que han definido las pautas de la migración en el norte de México.

Abstract

The objective of this chapter is to determine how the interaction between violence, representation of space and writing appears in *Contrabando* (2008) by Víctor Hugo Rascón Banda, *La venganza de los pájaros* (2006) by Guillermo Arreola, and *Adiós, Tomasa* (2019) by Geney Beltrán, three novels whose stories take place in small towns of the Sierra Madre Occidental in northwestern Mexico. Through the analysis of each of the texts, we have found that the stories coincide in a common point: The phenomenon of violence is the origin of a destination, which consists of forced migration to urban centers and to the northern border. Santa Rosa de Uruáchic (Chihuahua), Tayoltita (Durango) and Chapotán (Durango) are small towns whose representation is deepened by the stories that give them particular features. Most of the protagonists become migrants who end up carrying their own stories of displaced families or individuals who have suffered violence at unimaginable levels. We have found that the narrative material of this literature is largely linked to the predominantly tragic reality of the environment, which forces survivors to live amidst the logic imposed by the drug-trafficking economy and its technologies of violence, but also forces many of them to form part of the diasporas that have defined the patterns of migration in northern Mexico.

Introducción

A lo largo de tres generaciones, el asunto de la migración hacia la frontera y hacia otros centros urbanos tanto de México como de Estados Unidos ha marcado los destinos de muchas historias que surgen en los pueblos de esta geografía cultural. El objetivo del presente capítulo es determinar cómo aparece en cada uno de ellos la relación entre violencia, representación del espacio y su relación con la escritura. Se trata de historias que pertenecen a los habitantes de los pueblos de la Sierra Madre Occidental y de cómo éstas perfilan la configuración de personajes que forman parte de las tres novelas del corpus aquí analizado. Las perspectivas desarrolladas en los textos se ven unidas por un punto sorprendentemente común: el fenómeno de la violencia y su relación con el narcotráfico y la migración. Los textos por analizar pertenecen a autores que nacieron y tuvieron su infancia en el hoy llamado Triángulo Dorado, lugar que con el tiempo pasó a formar parte de un entorno dominado por la economía del narcotráfico y sus propios usos y costumbres, alejados de las leyes del Estado y del marco jurídico que rige el país. Lo anterior funciona como punto central del análisis, pues consideramos que es lo que da unidad a las siguientes tres novelas: *Contrabando*, ganadora del premio Bellas Artes Juan Rulfo para Primera Novela en 1991, pero publicada de manera póstuma (Planeta, 2008 --a un par de meses después del fallecimiento del autor--) de Víctor Hugo Rascón Banda (Uruáchic, Chihuahua, 1948), así como de las novelas *La venganza de los pájaros* (FCE, 2006) de Guillermo Arreola (Tayoltita, Durango, 1964) y *Adiós, Tomasa* (Alfaguara, 2019) de Geney Beltrán (Culiacán, Sinaloa, 1976).

Estas tres novelas han sido seleccionadas debido a que, no obstante formar una historia original con sus propias características bien definidas, además de contar con un estilo narrativo propio, el lugar de origen de los autores y sus experiencias con el espacio geográfico reconstruido a través del relato de ficción influyen en la conformación de una unidad cuyo eje temático coincide en la presencia gradual de la violencia. Ésta determina no solo los avatares de cada historia, sino puntos en común que influyen en la configuración de los finales de las novelas, que consiste en la necesidad de huir del entorno. Se puede sugerir, entonces, que en los casos de estas tres novelas el lugar de origen del autor y su experiencia de infancia y adolescencia con el entorno modelan el universo de relatos que se trasladarán en su agenda temática como escritores. La intención es observar cómo experiencia de vida influye a veces en la selección del material narrativo de los creadores.

A pesar de que sea difícil comprobar en qué medida el relato ficcional se acompaña de diferentes grados de inventiva (es decir, resulta prácticamente imposible saber si los niveles de ficción traspasan la frontera entre la reconstrucción de hechos del pasado y la invención de los hechos sin relación alguna con sucesos extraficcionales). Llama la atención aquello que une a las tres historias narradas: un mundo aislado, con sus propias reglas, que se caracteriza por el dominio de la violencia y la presencia obligada de los homicidios y la agresión contra los cuerpos vulnerables.

Contrabando de Víctor Hugo Rascón Banda: concierto de voces y la carta de Valente Armenta

En la novela *Contrabando*, Víctor Hugo Rascón Banda describe al pueblo de Santa Rosa de Uruáchic, en la sierra de Chihuahua, como un microcosmos en donde confluyen realidades que muestran como eje común la creciente violencia producida por el fenómeno del narcotráfico. En ella, las preocupaciones que el autor tuvo sobre este fenómeno y sus efectos culturales y sociales, no sólo quedan demostradas en la escritura de este texto, sino también en la pieza teatral homónima. Rascón Banda presenta en la novela una pluralidad de voces que ingresan en el espacio de una literatura que busca reconstruir un mundo y una idiosincrasia que es necesario comprender para observar cómo se interrelacionan los personajes entre sí y con el entorno. Los recursos narrativos que se presentan permiten configurar ese mundo paralelo en donde, lejos de hacer hincapié en las idealizaciones ocasionadas por la distancia y el tiempo, impera un claro tono de denuncia debido a la selección del material que se utiliza y la forma como se presenta.[26]

En *Contrabando,* la presencia del narcotráfico le da un carácter de unidad al pueblo de la sierra; es la experiencia en común de la que casi nadie se salva, en tanto que es el acontecer cotidiano y el devenir histórico de aquellos asentamientos que vieron su futuro mermado por la decadencia de la actividad minera: en el caso de Santa Rosa de Uruáchic a partir de la segunda mitad del siglo XX. En este nuevo contexto, donde sólo los hombres mayores hablan de las minas, el pueblo que recrea Rascón Banda es un espacio en el cual la migración hacia Estados Unidos, los desplazamientos a las ciudades cercanas o a las fronterizas y la muerte violenta, son los nuevos entornos temáticos que formarán parte de la cotidianidad de sus habitantes y, por extensión, de los personajes de esta novela.[27] Por

---

[26] Lo anterior estará presente a lo largo de la obra de Rascón Banda, especialmente en la obra dramática, pues, como dice Alejandra Luiselli: "desde las trincheras de la dramaturgia, convirtió a los Derechos Humanos en su más absoluta prioridad. En las obras rasconbandianas, mujeres, indocumentos e indígenas luchan infatigablemente por recobrar su dignidad" (182).

[27] En relación con el tema de la autoficción en la narrativa, podríamos decir entonces que el cuentario *Volver a Santa Rosa* (Joaquín Mortiz, 1996) funciona como la reconstrucción ficcionalizada de la infancia del autor. En este sentido, podríamos inferir que hay dos etapas clave en la narración semiautobiográfica del autor, y sería este libro de cuentos como una primera etapa, y la segunda cuando el autor regresa ya adulto y con una reconocida trayectoria en el país. La mirada del adulto que regresa al pueblo a buscar inspiración como escritor se completará con la novela *Contrabando*, escrita, como bien mencionamos más arriba, antes que *Volver a Santa Rosa.* Por otra parte, existe una versión de los hechos de *Contrabando* como texto dramático y que se representó en teatros durante la primera mitad de la década de los noventa. Sobre la manera cómo se representa la violencia en esta obra, José María Risso Nieva afirma que ésta "se representa en la obra fundamentalmente en grado ausente, a través de los monólogos y los corridos, que

ejemplo, en la novela el plagio y la privación de la libertad alcanza incluso a los parientes cercanos del narrador autobiográfico, como su primo Julián —el Presidente municipal de Santa Rosa— desaparecido unos días antes del arribo del escritor al pueblo.

La presencia del relato de tipo testimonial como recurso discursivo influye en el estilo de la novela, en donde existen ocasiones en que es fácil olvidar que estamos ante un texto de carácter ficcional. Sin embargo, gracias a su uso ingresan en la literatura aquellas voces a las que tradicionalmente se les ha concebido más como objetos de estudio de áreas como la microhistoria y la antropología social. Debido al carácter ético de la enunciación que se presenta en esta novela, estas voces aparecerán claramente como aquellas voces testimoniales necesarias que, por su exclusión respecto de las versiones oficiales de los hechos, deben de tener una presencia singular dentro de la Literatura. Su presencia otorga una versión menos maniqueísta de los sucesos relatados por el gobierno y los medios de comunicación. Semejante desplazamiento de la enunciación de las víctimas hacia los campos conceptuales y cognitivos de la literatura permite una *descosificación* del sujeto de estudio, que ingresa a la cualidad de representación de la conciencia a través del contenido artístico, lo que puede ser una preocupación presente en muchos de los textos de la literatura reciente.

Por otra parte, el uso del nombre del autor como personaje, sus actividades profesionales y el valor testimonial de las voces, dan a esta novela ese carácter de ambigüedad que suscita la discusión: entre el texto autobiográfico, la autobiografía novelada, el texto dramático, el guión cinematográfico y todos estos recursos de enunciación que le imprimen un sello semiautobiográfico y autoficcional. Esta novela transforma la identidad de aquellos personajes que han sido estereotipados por los discursos

recuperan en la escena acontecimientos acaecidos en la distancia espaciotemporal, y en menor medida de forma latente o visible, como sucede hacia el final del drama" (89) dominantes (los discursos mediáticos altamente eficientes en la generación de opinión y por lo tanto en la producción de verdades). Por otra parte, enfrentarse al estereotipo no necesariamente significa negarlo o silenciarlo, sino apropiarse de él y transformarlo mediante una nueva representación que, en este caso, reescribe y reestructura el mundo. Así los reubica, los desplaza hacia nuevos espacios de significación que son los que otorgan el carácter distintivo a esta narrativa. El asunto cambia cuando se renueva la imagen en un espacio artístico que indaga en la profundidad psíquica de la realidad que hoy vivimos. Para Rascón Banda estos pueblos, ahora casi abandonados, enfrentan dos destinos: la emigración de sus trabajadores hacia la frontera norte y hacia Estados Unidos, o la inserción en la economía del narcotráfico, con una esperanza de vida muy corta, al convertirse en partícipes de un conflicto, cuyo final desafortunadamente conocen demasiado bien quienes habitan estas geografías. ¿A qué nos referimos con "demasiado bien"? Parte del carácter visionario que Rascón Banda tuvo en esta novela fue la necesidad de exponer la situación de las personas que por múltiples factores se vieron, tarde o temprano, involucradas en el narcotráfico. Y como buen dramaturgo, el autor supo ver la fuerte conexión entre el trabajo ilícito, los destinos de vida y la tragedia. Esta última está también presente en el fracaso del migrante[28], así como dentro de la novela en el personaje Valente Armenta y la carta que escribe como carta de despedida de un suicida.

En ella, el personaje escribe a manera de relato confesional desde la cárcel, y relata su vida y los pormenores que lo llevaron a involucrarse en la compleja realidad del negocio de la producción y trasiego de droga hacia Estados Unidos, y de cómo utiliza el recurso de la carta para dar fe y testimonio de la vida de una persona sin estudios en la tremenda realidad del mundo rural intensificada por la lejanía y el aislamiento, cuya situación geográfica y climática permitieron convertirlo en el lugar ideal para la siembra de amapola y marihuana. Dice Valente Armenta en su carta: "Escribo esta carta [...] para dar un pormenor de mi vida, para desahogarme

[28] Véase el cuento "Los mojados", en *Volver a Santa Rosa* (México: Joaquín Mortiz, 1996).

y para que los que me encuentren mañana conozcan la verdad de muchas cosas que se cuentan de mí" (Rascón Banda, *Contrabando* 114). Dentro del pormenor de su vida también relata las veces que por diversas circunstancias tuvo que convertirse en homicida, debido sobre todo a la discordia y a la traición, tan comunes dentro del narcotráfico.[29] Y después de dar el pormenor sobre los sucesos más importantes de su vida, Valente Armenta relata la traición por parte de su última esposa y la acusación falsa sobre el asesinato de los padres de ella: "Y ahora resulta que quieren que pase cuarenta años metido aquí entre estas cuatro paredes, sin gozar de la preciada libertad y todo por un crimen que nunca cometí" (128). Con esta información, Valente Armenta expone los hechos para la comprensión profunda y el entendimiento del porqué de su escritura; es decir, nos prepara para lo que vendrá, que es la intención suicida al terminar la escritura de la carta: "He repasado mi vida y he tenido un momento de claridad. Para qué quiero vivir, me he preguntado, solo y mi alma. Me siento muy, pero muy viejo; hasta canas me están saliendo. Me siento acabado, como un animal enfermo que ha caído en una trampa. Como esos pájaros que brincan de un lado a otro en la jaula y se niegan a cantar" (128). Esta autopercepción es lo que motiva la expresión de su sentir y con ello la realización confesional a través de la escritura. Ésta, por lo tanto, surge de una intención ética de enunciación en donde existe la necesidad de dejar una versión de los hechos que difiere sustancialmente de la oficial (aquella que lo llevó a la pérdida de la libertad y sobre todo a la pérdida de cualquier esperanza de tener un destino distinto a aquel que en ese momento él ya ha decidido: "Como veo que los días pasan y yo sigo aquí, rumiando mi soledad, y no hay forma legal o ilegal de salir, he tomado la determinación de quitarme la vida" (128). Y más adelante nos dice: "Es mejor morir aquí,

[29] Para comprender el proceso de la economía del narcotráfico en la zona durante las décadas de los setenta y ochenta del siglo pasado, especialmente en Sinaloa, véase Froylán Enciso, *Nuestra historia narcótica. Pasajes para (re) legalizar las drogas en México* (México: Debate, 2015). En especial véase los capítulos "Arbitrariedades en la tierra del *Chapo*" (pp. 123-126), "1976, el año más violento en la historia de Culiacán" (pp. 127-131) para la década de los setenta. Y para la siguiente década el capítulo "Caro Quintero y el pago de la deuda externa" (137-145).

sin sufrimiento. Al cabo, la muerte me hará libre otra vez [...] Por eso escribo esta carta [...] porque contando mi vida puedo estar limpio de culpa y de pecados en caso de que exista otra vida más allá" (129).

Es interesante observar cómo la situación del personaje ha sido definida por el carácter ilícito de muchas circunstancias que lo llevaron a huir de la justicia y a desencadenar el complejo proceso en donde el sistema condena a quienes no se alínean a los preceptos de la justicia y de la legalidad. Por eso existe en la escritura de Valente Armenta la gran necesidad de expresar no sólo las condiciones que lo llevaron a vivir tales circunstancias, sino también la de dejar una versión de los hechos, y por lo tanto, una versión de la historia que dé cuenta de la esencia profunda del ser mediante el acto confesional, despojado de la nulificación que le otorgan el Estado y la justicia. La reificación del ser es tal que desde sus profundidades desea una justicia trascendental; después de la muerte, que la memoria no sea la del criminal despojado de toda humanidad, sino la del ser humano que no tuvo otras alternativas en la vida, por eso en la posdata de la carta, Valente Armenta dice lo siguiente: "Una última voluntad. Pido que esta carta sea mandada al señor Epigmenio Rascón Aguirre, al municipio de Uruáchic, si es que aún vive ahí, o a su esposa doña Rafaela, porque cuando él era subagente del Ministerio Público y tuve cosas que ver allá con la justicia, *ellos siempre me trataron como ser humano, no como bestia*" (130)[30]. Se trata de los padres del autor de la novela, y se intensifica la conexión con la mención del autor, que aparece autonombrado como tal por él mismo y por otros personajes: "Para que la carta se la den o se la manden al Huguito, que estuvo conmigo en la escuela y que según me han dicho se dedica a escritor, *a ver si de algo le puede servir para sus historias* este pormenor de mi vida, la vida de un paisano suyo que no tuvo estudio" (130).

Al experimentar como lectores otros niveles ficcionales, o desprendernos del nivel ficcional primario para relacionarlo con la presencia

[30] En todas las citas textuales de los textos literarios, salvo que se mencione lo contrario, las cursivas son mías, con la intención de hacer énfasis en la importancia del texto citado.

del autor de la novela y sus padres, depositarios de la carta, hemos resignificado el papel que tiene la ficción cuando entra en los espacios autoficcionales y los ciertos elementos autobiográficos. En este sentido, esta literatura recuerda el lugar tan cercano que hay entre los protagonistas de las historias y la existencia del autor dentro del complejo escenario de la trama. Valente Armenta, dentro de la novela *Contrabando*, se convierte en un símbolo de aquello que es y solo puede existir en ese medio. Sin estudios, sin educación y perteneciente a un mundo en donde las posibilidades, casi en su totalidad, se reducen a la inserción dentro del narco, la esperanza de vida de las personas se reduce a su mínima expresión. En un país que desconoce la idiosincrasia de los pueblos serranos y su participación en el narcotráfico, la leve esperanza de existencia se encuentra, en todo caso, en la intimidad testimonial de la confesión mediante la escritura. Y la importancia que adquiere esta voz dentro del concierto de voces que conforman la novela, comprueba el nivel de compromiso que Rascón Banda tuvo no sólo con las personas de Santa Rosa de Uruáchic, escenario central de la trama, sino específicamente con aquellas personas que por circunstancias de la violencia del narcotráfico y la violencia de Estado vieron mermada cualquier posibilidad de realización.

La venganza de los pájaros de Guillermo Arreola: la violación como epítome de la violencia y su representación narrativa

En la novela *La venganza de los pájaros* (FCE, 2006) aparece la voz de un niño narrador que transmite la historia de su familia y el proceso de transformación que cada uno tiene conforme van construyendo sus destinos que, en todos los casos, culminan con el abandono del pueblo y la migración hacia la ciudad. El niño, en cada hecho que narra, deja entrever complejas estructuras significativas que representan una realidad intrincada, correspondiente con las relaciones afectivas establecidas entre los personajes. Éstas muestran un mundo que paulatinamente se irá descubriendo más y más complejo; un mundo que, a través de su mirada, sugiere la profunda y dramática realidad que puede vivir una familia aislada en un pequeño pueblo minero enclavado en la sierra de Durango.

La representación de los personajes y sus características demuestran que, dentro de aquella realidad y sus complejas relaciones, aparece un escenario en donde el deseo reprimido y la violencia definen no sólo aquello que sucede en el seno familiar, sino también con el resto de los personajes del pueblo. En esta novela se presentan algunas pistas que terminan por definir una historia en la que los actos simbólicos orientan su interpretación hacia una lectura que privilegia el papel de la relación amistosa cargada de actos de significación homoerótica. Lo anterior, se podría sugerir, ha sido poco tratado en la narrativa del norte de México desde la perspectiva otorgada por este autor. Tales actos simbólicos influyen, en alguna medida, en la interacción entre las voces y los silencios que completan estas viñetas de la memoria, y que terminan por armar la historia. Es necesario explorar cada historia que aparece en el texto para observar aquellos puentes significativos que arman un relato más amplio y que permiten constituir el hecho novelesco.

La familia, compuesta por los padres y cinco hijos: Eva, Concha, Delia, Antonio y Fernando, vive en un pueblo aislado cuyo nombre nunca se menciona, pero sí sabemos que es un pueblo minero de la sierra. También aparecen elementos toponímicos que orientan claramente sobre la geografía del entorno y el espacio descritos: en algún momento el padre menciona San Ignacio (que es San Ignacio de Piaxtla, Sinaloa, cabecera municipal del mismo nombre, que se encuentra enclavado al pie de la sierra que comparten los estados de Durango y Sinaloa)[31], en donde es necesario hacer algunos trámites del sindicato. Hay un intento de duelo a muerte entre el padre y un personaje llamado Isidro Favela en "el rumbo de Cinco Señores" (Cinco Señores es una ranchería entre San Dimas y Tayoltita). Concha y Eva se van de la casa y su madre piensa que se fueron

[31] En conversación telefónica con el autor, el autor mencionó que la historia se desarrolla en el pueblo minero llamado Tayoltita (municipio de San Dimas, Durango), y que los lugares mencionados cerca de éste sí forman parte de la toponimia de la región: San Dimas, Cinco Señores, San Ignacio (de Piaxtla, Sinaloa), etc. También, comentó que la historia narrada en su novela sí es en buena medida la de su propia familia, y que también el protagonista está construido a partir de sus propios recuerdos de la infancia en el pueblo, en años y meses previos a la migración de su propia familia hacia la ciudad de Tijuana en la década de los setenta.

"al Gato de Lara o a Mazatlán". Cuando el niño narra el momento en que finalmente se fueron del pueblo, dice que no sabían "ir si a Chihuahua, Durango o Sinaloa". Esta información otorga pistas importantes para relacionar el espacio ficcional con una zona geográfica específica, cuyo punto medio se ubica en la sierra entre los estados de Durango y Sinaloa, y que coincide con el lugar de nacimiento del autor de la novela.

La madre es quien, en parte por su aburrimiento al vivir en el pueblo, habita su casa con unos fantasmas llamados Ernestina, Lucio y Cornelia. En la voz narrativa del niño, además, se intercalan como discurso referido y como discurso directo las voces de cada uno de los miembros de la familia, y los diálogos se insertan alternadamente, creando así viñetas de la memoria que van armando una historia compleja conforme se van conectando un momento, un acto y un pensamiento con otros relacionados entre sí. Por ejemplo, a través de la voz del niño aparece la de la madre de la siguiente manera: "Sólo a mí me ordenó [mi madre] quítale los zapatos a tu padre, que se nos va a asfixiar. Cómo pesa el alcohol, dijo mi madre aquella vez, cómo pesa su voz. ¿El alcohol tiene voz?, le pregunté mirándole los labios. Sí, me respondió, tiene raíz y tiene voz, una voz que te susurra al oído bebe, bebe y repta" (Arreola, 11). El cambio de persona gramatical entre el narrador y los personajes otorga las pistas para identificar quién es el personaje que enuncia: hay muchos ejemplos a lo largo de toda la novela en donde se observa la intervención directa de los personajes, reproducidos por la voz del niño. En este sentido, el texto funciona como una novela conformada por un concierto de voces que se alternan con la del narrador.

No sólo aparecen las historias de los miembros de la familia; se narra la amorosa amistad entre el tío Fernando (hermano de la madre) y un hombre apodado el Jarocho. Una historia de amor apenas sugerida que termina en el matrimonio del Jarocho con Camerina, y la desaparición de ambos, y del tío Fernando con una mujer llamada Boni. Esto se da como consecuencia del mandato heteronormativo y heterosexual, que rige la conducta de los protagonistas de la historia y las decisiones que tomarán más adelante.

Se narran también la historia de La Otra Mujer, amante del padre del narrador, y la historia de Isidro Favela, rival del padre y presunto violador del niño narrador. Hacia el final de la novela, cada uno de los hijos toma su propio camino. En la casa sólo quedan los padres y el niño, que nos ha contado la historia. Es ahí donde se hace preciso salir del pueblo: habiendo cumplido con un ciclo, la familia debe emigrar a la ciudad. Hay distintos elementos que forman parte de la compleja e intrincada historia que aparece en la novela. Dentro de las connotaciones e implicaciones de los hechos sugeridos, debido a que forman parte del universo de la secrecía que acompaña la configuración de las historias y sus relaciones entre los personajes, aparece en primer lugar una relación amorosa entre El Jarocho y el tío Fernando, hermano de la madre del narrador. Al seguir el mandato heterosexual que produce el deber ser y con ello el cumplimiento del mismo, El Jarocho se une en una relación con Camerina y desaparecen para siempre del pueblo; a su vez, por despecho el tío Fernando se casa con Boni tan solo para sumirse en la amargura por el abandono de El Jarocho. En venganza, el tío Fernando compra el caballo negro que había pertenecido a El Jarocho para descargar su rabia en el animal: "Cada vez que se emborrachaba terminaba injuriando y azotando al animal hasta que se quedaba sin fuerzas" (Arreola, 121). Sin embargo, tiempo después el tío muere repentinamente, pues al parecer el alcohol y el dolor de la pérdida de su felicidad por el abandono, sin el consuelo de la confesión, y por lo tanto de la enunciación, lo llevan hasta el colapso y la muerte: "Tras el entierro de mi tío, Boni liberó al caballo; de inmediato el caballo comenzó a galopar y en un momento dado ya nadie pudo pararlo. Quienes lo vieron cuentan que iba tan de prisa que parecía que quería partir en dos el horizonte" (122).

Aun dentro de la historia, el tabú aparece como un elemento importante en el universo significativo y en la interpretación de los hechos narrados. Otra historia intercalada en la narración es la sugerencia de la violación del niño narrador a manos de Isidro Favela, el enemigo del padre de Fernando. Debido a que la novela está constituida estructuralmente como si fuese una sucesión de, como mencionamos anteriormente, viñetas de la memoria, hay elementos (imágenes, coincidencias, recuerdos, etc.) que se entrelazan, formando una compleja urdimbre que requiere de una atenta participación por parte de quien lee para poder relacionar imágenes y sentimientos con hechos, y así interconectarlos para armar la trama sugerida, aquella que se encuentra oculta y que espera de una revelación por parte del lector. Por ejemplo, y en relación con la narración de la violación de Fernando (el niño narrador), ésta sucede cuando cruza el puente del río porque quería atrapar un pájaro. Más allá del puente, entre el río y la densa vegetación, estaba el espacio prohibido, al cual al niño se le advierte que nunca debe de cruzar porque aquel lugar ya estaba fuera del pueblo. A propósito del cruce del puente, dice el niño Fernando:

> Seguí, caminando, y me perdí, *como se pierde el tiempo*. Llegué hasta el puente que divide al pueblo de los árboles y de las minas. [...] Oí entonces una voz muy cerca de mí. [...] Me dijo chamaco por qué andas solo por estos rumbos. Sentí que el cuerpo se me sacudía. Volteé y vi a mi costado derecho la sombra de una figura humana [...] Crúzalo [el puente], me dijo la sombra, yo te ayudo. Y en el río se puede nadar, me respondió la sombra. [...] ¿Qué no te gustan los caballos?; yo tengo uno, es muy negro, y te lo voy a prestar para que montes en él *y ya no tengas que jugar tanto con las palabras a la hora más larga de la noche*. [...] "En eso sentí que me empujaban al agua. Y me perdí, mis piernas se hunden y el agua se torna negruzca. [...] Siento los dedos del agua golpeteándome el vientre. *Siento el peso de la sombra humana encima de mí.* [...] Manos que me envuelven, que me estrujan, que me hunden en el centro del agua. [...] El agua mordisqueando mi cara y la voz de la sombra vuelta una carcajada. Una carcajada debajo del agua. (187-188)

Antes de partir para siempre, El Jarocho le había vendido su caballo negro a Isidro Favela, que a su vez este después se lo vendió al tío

Fernando, que era quien azotaba al caballo negro ante el dolor y el sufrimiento por el abandono de su "mejor amigo" El Jarocho. Se puede observar con detalle que la sombra que ataca al niño Fernando y que le dice que tiene un caballo negro, al parecer es la misma sombra que aparece en otro momento de la novela, cuando el padre de Fernando (el niño narrador) se bate a puño limpio con Isidro Favela por, supuestamente, unos líos del sindicato. Esta situación nos lleva a la elaboración de las siguientes preguntas: ¿Por qué tanto la madre como el padre deciden que el niño, armado con una navaja, lo acompañe a semejante acto de salvaguarda de la honra mediante los golpes? ¿Por qué Isidro Favela iba armado con una pistola y estaba dispuesto a usarla para matar al padre, hasta que vio al niño? ¿Por qué se decide que el niño tiene que atestiguar este acto de violencia extrema? ¿Es que acaso la ritualidad de salvaguardar del honor exige que el ofendido (el niño) tome venganza por sí mismo en caso de la muerte del padre ante el agresor? ¿Cuáles son las razones que orillaron a los personajes a actuar de esta manera? ¿Por qué la madre, ante esta situación, le dice al niño Fernando momentos antes de que este acompañe a su padre por el asunto con Isidro Favela, lo siguiente?: "Mientras mi padre se afeitaba para recibir la muerte del modo más pulcro, mi madre me vistió con mi mejor camisa y mi mejor pantalón y luego hizo que me pusiera un chaleco. En la bolsa interior del chaleco depositó una navaja. Dale en el corazón si no te queda de otra, así como has visto que le hacen a los puercos, me dijo" (131). Sin duda, todas las preguntas planteadas anteriormente sugieren el carácter oculto y simbólico del contenido profundo de la trama. Ahora bien, tras tener claro el asunto de la violación, véase cómo se puede releer la manera cómo el niño narra el ajuste de cuentas entre su padre e Isidro Favela: "Tras caminar un buen tramo, mi padre y yo divisamos a Isidro Favela y nos fuimos acercando a él. *Sentí que un charco de agua me anegaba el corazón y que una sombra se me echaba encima*; las piernas y las manos me empezaron a temblar y me dieron ganas de ponerme a toser hasta quedar amoratado" (131-132). Hacia el final de este fragmento, Fernando dice lo siguiente: "*Mucho tiempo creí lo que mi padre había dicho*, aquello de que Isidro Favela quería matarlo por el asunto del sindicato. Después todo el mundo se enteró de que también Isidro tenía amoríos con la otra mujer y que de allí había surgido la rivalidad con mi padre, *eso decían*." (132) Al parecer, el tabú de la violación impide que los padres expliquen al niño cuál es la verdadera causa del enfrentamiento del padre con Isidro.

En otro fragmento, cuando relata una de las pesadillas al parecer recurrentes, Ernestina (una de las fantasmas que había inventado la madre de Fernando) le dice en el sueño: "devuélvete a tu casa, y haz lo único que te queda: llorar, llorar" (155). Y nuevamente sobre el puente del río, dentro del sueño: "Seguí avanzando de frente, tengo que alcanzar la orilla, tengo que llegar hasta la torre. El sudor me cubría la cara, bajé la vista y vi sobre los tablones unos zapatos de niño, seguí corriendo y encontré una camisa de niño, un pantalón de niño, y lápices y cuadernos abiertos, y la voz de Ernestina diciéndome te lo dije, que no llegarías, que ya era demasiado tarde, y se carcajeaba con una risa diabólica" (155). Qué mayor coincidencia si no son los cuadernos del niño que dibuja, que el mismo Fernando menciona cuando al relata los dibujos que hacía del pueblo: "Allá están los cerros, *que coloreo profusamente* de color verde olivo y café. Arriba, *desbordándose de los márgenes del cuaderno*, el cielo, azul cobrizo (134-135). [...] En el centro está el pueblo, *tiro de líneas horizontales, verticales y curveadas para delinear* las casonas de adobe pintadas con fosforescencias. [...] las minas que nunca he visto, que *no pueden emerger sobre lo blanco del papel* [...]. Me faltan colores para pintar lo que no veo" (135) Y más adelante: "En otra habitación estoy yo, explorando cavernas con mi mente o jugando al tiro al blanco con las palabras" (136). Y también: "Dibujo con los ojos medio cerrados" (137).

Hay que recordar que más adelante, cuando narra los hechos de la violación, la sombra negra que se le echa encima le dice antes: "Te lo voy a prestar [el caballo negro de Isidro Favela] para que montes en él y ya no tengas que *jugar tanto con las palabras a la hora más larga de la noche*" (187). Es difícil no relacionar las formas de expresión y los lenguajes que el niño Fernando explora, con la pericia y experiencia expresiva del autor de la novela (pintor y escritor)[32]: algo de la conciencia del autor aparece, quizás de diferentes maneras, en la constitución enunciativa de esta novela y en su voz principal, que es la de Fernando, el benjamín de la familia, que, aunque no se dice, se adivina la razón por la que tiene que salir de urgencia del pueblo y huir hacia un lugar lejano: "Voy a olvidar, pensé voy a olvidar" (206) ¿Qué es lo que tiene que olvidar? ¿a Isidro Favela y su muerte (suicidio), a su tío Fernando y el Jarocho (relación frustrada por la imposibilidad de realización en un medio rural y homofóbico)? ¿A las esposas de ellos (Camerina y Boni) que sufrieron por el mandato heterosexual que debieron cumplir sus esposos? ¿La violación y el pájaro que rozó el hombro de Isidro, que él lo vuelve a sentir al evocar los recuerdos? Todos han olvidado, menos Fernando. Al percatarnos de las razones profundas de la historia narrada en la novela, entonces toma sentido la frase final en voz del padre de Fernando, ya en la vejez, en este lugar lejano en donde vivían (representado teatralmente como un terrario), que le dice: "prométeme que contarás que para olvidar sólo existe el recuerdo" (208). Desde luego, el recuerdo se materializa a través de la escritura, y al existir en ella misma es posible dejar descansar los recuerdos, pues ya ocupan un nuevo lugar en el mundo, un lugar material que puede permitir la trascendencia a través de la singularidad del lenguaje literario (artístico) y su nuevo estatus en el mundo. El mundo posible, entonces y ahora, existe *per se* al concretarse en su propia materialidad, que es la que reubica y reconstruye la memoria y permite que ésta se convierta en Literatura.

Aunque queda en primer plano la idea de que el hecho fundamental que genera la novela es el probable homicidio de Isidro Favela (quizás

---

[32] La carrera de Guillermo Arreola se caracteriza por una doble vertiente expresiva. Ha publicado como escritor tres libros: *La venganza de los pájaros* (FCE, 2006); *Traición a domicilio* (Planeta, 2013) y *Fierros bajo el agua* (Joaquín Mortiz, 2014). Por otra parte, su trayectoria como pintor es reconocida a nivel internacional. En una interesante entrevista sobre los inicios como pintor, el autor dice lo siguiente: "Comencé a pintar después de una crisis de vida espantosa, tras identificar la trampa que significa la presunta *normalidad*. De repente mi visión sobre la existencia se amplificó abruptamente. Esta crisis que menciono tuvo implicaciones físicas y mentales: pasé por una explosión psicótica y por una serie de enfermedades bastante verificables fisiológicamente. Entonces comencé a pintar desde los escombros, por así decirlo". (Roberto Bernal, entrevista a Guillermo Arreola en *La Jornada Semanal*, 7 de noviembre de 2021).

disfrazado de suicidio), queda también la de que el niño narrador, ya adulto, quiere olvidar el suceso que nunca contó abiertamente porque está relegado al espacio del silencio, de lo prohibido, y que fue el haber sido víctima de violación por parte de Isidro Favela en el río, después de cruzar el puente, a donde nunca había cruzado porque se lo tenían prohibido. ¿Por qué estaba prohibido? Olvidar, la palabra clave de Fernando, es aquello por lo cual todos callan, los miembros de la familia, después de haber migrado hacia la frontera, aquello que no se puede contar porque pertenece al ámbito de lo prohibido: la enunciación del hecho detonaría elementos que violentarían el supuesto equilibrio que aquella familia había logrado al salir del pueblo. Olvidar, en parte, es crear *otro* relato fundacional en el nuevo espacio, la ciudad fronteriza, en donde el juego de la memoria en la familia migrante adquiere distintos tintes discursivos.

Los pájaros, siniestros, que en parte también tienen que ver con el hecho de la violación, aparecen cuando la muerte merodea. La familia ha olvidado los hechos que ocasionaron su migración forzada, o finge haberlos olvidado, se queda callada al preguntar el narrador por el Jarocho, por Isidro Favela. Por eso el padre, viejo y marginado por la familia, es el único que insiste en hablar del pasado, pero no del pasado que ha marcado a Fernando-niño-narrador, sino de las historias que él les había heredado. Apremia para que su hijo le escriba la historia de Crispín Sánchez, un hombre muerto por su caballo y que se arrastra sobre las piedras hasta encontrar la muerte en medio del sol, "sin siquiera el cobijo de la noche". Ésa es la razón por la que el padre termina la novela diciéndole al hijo: "prométeme que contarás cómo todos nos hemos arrastrado por este mundo; prométeme que contarás que para olvidar sólo existe el recuerdo" (Arreola, 108). No en vano el padre ha sido marginado por la familia debido a su enfermedad, y sus palabras han sido neutralizadas por el estatus que ha adquirido con los años y la senectud. En el reencuentro, éste le dice al narrador que tiene que contar aquello que termina de consolidar nuestra identidad. Se refiere a la recuperación de la memoria como algo sustancial que permite aliviar el dolor de la orfandad con la que cargan las personas migrantes. Es una memoria familiar que, no obstante las circunstancias y los silencios, forma el material narrativo que va recuperando la historia que se cuenta en la novela: la historia de aquello que *no* se cuenta, de aquello que se calla y decide "olvidarse" para siempre, y porque se sabe que aunque la memoria revive las heridas del pasado, es la única manera de transformarla debido a que su traslado hacia el lenguaje, hacia la enunciación, transforma y reconstituye su propia existencia. En este sentido, *La venganza de los pájaros* se hermana con las otras dos novelas aquí tratadas en tanto que representa el microcosmos del pueblo serrano dominado por la violencia, que al final obliga a los individuos a migrar hacia la ciudad, en este caso específico hacia la frontera.

Adiós, Tomasa de Geney Beltrán: el símbolo de la violencia en la sierra

La novela *Adiós, Tomasa* (2019) de Geney Beltrán trata sobre la historia de la familia de Flavio Carrasco Heras, cuya infancia se describe con detalle a lo largo de los capítulos de la novela. La gran mayoría del relato se centra en la perspectiva desarrollada por Flavio, en donde su mirada devela el complejo y paulatino desarrollo de la violencia generada por el narcotráfico. Flavio es el menor de la familia; al percibir el mundo desde su propia experiencia, veremos cómo la violencia se encuentra presente en todos los niveles. Ésta aparece desde las primeras páginas como la esencia dominante en los hechos y la historia. La familia vive en un pequeño pueblo llamado Chapotán, perteneciente al municipio de Tamazula en el estado de Durango. En éste, y en las rancherías cercanas como El Toro, de donde proviene Tomasa, la violencia como un elemento que domina las relaciones y los destinos de los personajes estarán presentes en la mayoría de los momentos: marcadas por la realidad de estos pueblos, donde se vive al margen de la ley. Ésta, en aquel mundo, es un elemento ajeno a la vida cotidiana y a la idiosincrasia que define las relaciones humanas. Flavio padece por parte de los mayores los rituales de la masculinidad, como la imposición y el deber ser de lo que es la "hombría", en aquel mundo, entendida como la generación y normalización de la violencia, por un lado. Por otro, está el elemento de denuncia más impactante dentro de la trama de la novela, que es la terrible tortura que se ejerce contra Tomasa, una adolescente huérfana que trabajaba para la familia de Flavio, y que sufre del rapto y violación por parte de los generadores de mayor violencia en el entorno, que son los hermanos Lizárraga, los narcotraficantes que dominan la zona y ejercen el dominio y por lo tanto el abuso hacia los habitantes de Chapotán, especialmente contra don Eutimio, una de las figuras más respetadas del pequeño pueblo. Los hermanos Lizárraga a través de las armas cometerán injusticias que impondrán el miedo en la zona.

Cuando se va avanzando en la historia, se observa que hay elementos desde la experiencia de la infancia que irán inoculando en el habitante de la sierra el deseo de migrar hacia Estados Unidos. Así lo ve Flavio cuando se entera por parte de un primo cómo era todo en aquel país: "Todo lo americano era mejor (ya lo sabía): los tenis, las grabadoras, los pantalones que se traían los mojados en navidad para sus hijos" (48). Para muchos habitantes de esta región, el sentido de realización del individuo estará en la migración, bajo cualquier circunstancia, hacia Estados Unidos, por un lado; y, por otro, hacia la ciudad grande más cercana, que en este espacio se trata de Culiacán, Sinaloa, a donde terminarán emigrando la mayoría de las personas originarias de los pueblos serranos y sus rancherías, incluyendo la misma familia Carrasco Heras.

Hacia el final de la novela se puede observar que la desaparecida Tomasa se había convertido en una obsesión para el narrador principal, que paulatinamente se revela como El Seco, quien había sido compañero en la escuela de Héctor Carrasco Heras, el hermano mayor de Flavio. Todos deberán de cumplir un ciclo, y es el de la necesidad de migrar hacia la ciudad para poder continuar con sus vidas y huir del entorno degradado. Tanto el narrador como la familia Carrasco Heras se ven forzados a salir de Chapotán, pues los hechos que perpetraban tanto los hermanos Lizárraga como el ejército, generan las injusticias ante las cuales nada se puede hacer excepto huir para evitar ser la siguiente víctima: "Eran ciertamente muy engreídos, lo sabía el Flavio. Y también peligrosos: los del Potrerillo no eran cualquier gente. Gaudencio y Germán Lizárraga habían matado a más de cinco. Uno de sus muertos fue el Ventura, vecino de aquí de Chapotán, a quien le acomodaron tres disparos por la espalda bajo un guamúchil a la salida del pueblo. También estuvo el Ventura metido en El Negocio; hubo un tiempo en que se llevaba muy bien con quienes serían luego sus asesinos" (169).

Llama la atención cómo en cada uno de los capítulos de la novela, el miedo se va apoderando de los habitantes ante el sentido de injusticia, y la frustración que éste genera al no poder protestar ni procurar justicia, lo que desencadena la dominación de este sentimiento será el asesinato de don Eutimio: "Y un mal día, el Gaudencio mató a don Eutimio. Mis padres creían que los Lizárraga no iban a andar por las cercanías un buen tiempo. Tamaña audacia no se había nunca visto. Lo del Vitorio Aispuro no pasó a mayores, [...] Pero matar a don Eutimio sí fue cruzar una línea con todo y que los guachos [los soldados] volteaban pa otra parte cuando aquellos dos hermanos hacían su comercio" (312). Por otra parte, no solo el acto homicida por parte de Gaudencio ha sembrado el terror y ha desequilibrado la vida de la gente de Chapotán, pues también estará acompañado después por otros actos de violencia que van a permitir completar el entramado de la novela, y este acto se refiere al rapto, tortura y violación de Tomasa, perpetrado por el mismo Gaudencio: "A pocas semanas del entierro de don Eutimio el hombre aquel se robó a Tomasa. 'Pobre ingrata, qué vida le espera en adelante. Vámonos a vivir pa bajo [a Culiacán], Lizandro', argüía mi madre. 'Esa gente no se toca el corazón'" (313). En esta parte, y a partir de la decisión de migrar, se reitera la importancia del narrador (El Seco), que coincide con elementos semiautobiográficos y autoficcionales, pues lo que describe coincide con elementos de la propia biografía del autor. Además, el mismo Geney Beltrán, menciona que, por otra parte, en la construcción del personaje del niño Flavio, sí se encuentran recuerdos personajes, aunque aclara que es un mero constructo ficcional: "Aunque el personaje del niño Flavio en *Adiós, Tomasa* tiene que ver con mis recuerdos, no es una novela autobiográfica. Le metí características de otras personas, otras historias de vida" (Elena Poniatowska, "*Adiós, Tomasa*, la novela de Geney Beltrán"). Y, sin embargo, insiste al final el narrador de la novela en su papel como escritor, y sobre cómo quedó para siempre conmocionado por la historia de Tomasa, que en el momento de la conciencia escritural por parte del autor comprendemos por qué ella es la verdadera protagonista de la novela: "tanta vivacidad, tanta ternura y todo ese frescor que veíamos en el ser de Tomasa había de repente sido arrebatado con violencia. [...] El asesinato era ya en la sierra una cosa normal; pero esto era romper a un ser indefenso. Y esa era la palabra que estuve buscando en aquellos tiempos sin nunca discernirla: era Tomasa una morrita indefensa" (314). Esta declaración por parte del narrador remite hacia uno de los problemas más alarmantes del México actual, y tiene que ver con los terribles niveles de violencia hacia las mujeres; Tomasa estuvo a punto de ser una más de las víctimas de los feminicidios en México, y ese terror ante la tortura previa a la muerte es el sentir que ocasiona que Tomasa se convierta en una obsesión para el narrador, es por eso que la novela empieza con ese rapto y tortura. Al leer las primeras líneas de la novela, quien lee no olvidará esta escena tan impactante por su violencia y, al igual que el narrador, seguiremos conmovidos a lo largo de la experiencia de lectura por una sensación de injusticia que se cierne alrededor de la historia de Tomasa. Dice Mónica Torres Torija que esta novela "nos sumerge en un México que no quisiéramos contemplar. *Adiós, Tomasa* recorre el velo de la realidad encubierta por la historia oficial, por las víctimas silenciadas no sólo por la violencia normalizada por el crimen organizado y la corrupción del gobierno, sino también por el machismo imperante en la sociedad mexicana" (Torres Torija 119).

Por eso, hacia el final de la novela, el narrador concluye con lo siguiente: "Fue una impresión tan duradera que, ya de adolescente, cuando leí *Cien años de soledad* y decidí volverme novelista, supe que la historia más perentoria que algún día habría de narrar era la de Tomasa" (Beltrán 314). Precisamente, por su carácter de orfandad, de desamparo; por su particular situación de un ser, en medio de la soledad, que conmueve hasta las lágrimas por su historia al percatarnos de que lo más duro de la existencia está en la sobrevivencia ante el daño permanente que el ser humano, a través de la crueldad, y de su propio papel como motor y ejecutor de la violencia machista, puede ocasionar a otro ser hasta conmocionarnos, hasta lo insondable, hasta lo más profundo de nuestras conciencias. El miedo no sólo está hacia los hombres narcos protegidos por el ejército, sino en el terror de la violación y de cómo Tomasa se convierte en un cuerpo habitado por el terror y el dolor. Ella es la historia central, es el tema que simboliza el atropello más grande en un mundo violento lleno de armas y asesinatos: pero hay algo más allá, el de la gran crueldad que existe en el rompimiento de un ser indefenso: crueldad ante cuya maldad ya nada se puede restablecer de por vida. Por eso ante la inexplicable profundidad del drama, en el final el narrador se pregunta sobre su papel de escritor, y lo que genera en él la imposibilidad de hacer justicia ante la dimensión de la tragedia: "¿Acaso tengo el derecho a contar la historia de alguien que vivió en el infierno?" (324). Y sobre cómo no traicionar ante sus propias imposibilidades la representación de la tragedia que viven las mujeres en ese mundo de la sierra y el narcotráfico: "¿Quién soy yo, un bato privilegiado y con estudios, hijo de una familia que no cayó nunca en la precariedad, para fabular la historia de una muchacha de familia pobre que fue raptada y violada? ¿Cómo puedo creer que, desde la sordera de mi experiencia, tengo el derecho de imaginar lo que ella sintió? ¿Es posible contar, sin traicionarlas, todas estas historias de vidas desfavorecidas? ¿De qué manera es un acto de justicia el rescatar del olvido el dolor de los olvidados?" (324). En este sentido, las novelas que aquí se han estudiado presentan una búsqueda de algo que va más allá de la exposición de los hechos, y esa búsqueda tiene que ver, también, con el lenguaje. Dice Alejandro Badilla, a propósito de la novela de Geney Beltrán, lo siguiente: "En ambos territorios el lenguaje es un vehículo que, además de transmitir información, crea una estética que, a su vez, funciona como una aproximación a la esperanza, el dolor o la desesperación. De esta manera las diferentes voces van nombrando, a través del ritmo y la retórica, la naturaleza agreste de los pueblos del norte del país, los patios de tierra o los caminos solitarios. El narrador, utilizando distintos disfraces, hace el papel de una cámara que contempla lo que ocurre dentro y fuera de los personajes" (Badilla).

Es aquí donde se encuentra el momento trascendental de la escritura, al constatar la ética de la enunciación que encierra la tesis principal de esta novela, el narrador convierte la historia de Tomasa en una historia que deja una huella indeleble en una literatura que surge del contexto mencionado. Al haberla vivido o testificado, sólo sus propios protagonistas pueden intentar comprender o abarcar la dimensión más profunda de la tragedia, que ha quedado como dominante y que ha dejado a estos pueblos casi vacíos, convertidos en símbolos no sólo de las razones profundas de la migración hacia las ciudades, hacia la frontera norte, y hacia Estados Unidos, sino del peso que todos estos acontecimientos ocasionan en quienes han sobrevivido a la catástrofe de la violencia que asola a estas personas y su región, y que llevarán a cuestas el resto de sus vidas.

El mundo del migrante no será, entonces, solo la nostalgia por el pasado, sino la lucha por coexistir entre la memoria y el olvido, contradicción que estará presente en sus vidas y formará parte constitutiva de su propia identidad. De esta manera, el gran acontecimiento de la memoria será la continuidad de la injusticia, pero también el consuelo al recordar las voces, los gustos, los olores de un mundo en extinción que, no obstante su crueldad, expulsa al ser humano de su entorno. En este peregrinar el ser humano mantiene en su recuerdo también la belleza de la existencia, una belleza que sólo se puede recuperar entre los intrincados caminos de la memoria y su representación a través de la escritura.

Conclusiones

Santa Rosa de Uruáchic, Chihuahua, en *Contrabando*; Tayoltita, Durango, en *La venganza de los pájaros*; y, Chapotán, Durango, en *Adiós Tomasa*, son pueblos serranos cuya representación se profundiza con las historias que les dan rostro: la mayoría migrantes que terminan llevando consigo sus propias historias de familias desplazadas o de individuos que han padecido la violencia en niveles inimaginables, hacia las ciudades de los estados, hacia las ciudades fronterizas y hacia diversos destinos en Estados Unidos. Al haberse internado en la búsqueda de una verdad cuya complejidad no dejan de sorprender, los autores de estas novelas han enriqueciendo la diversidad de la literatura mexicana.

Narcotráfico, violencia y migración forzada serán los elementos de la realidad inmediata que hacen que estos autores trasladen los hechos al espacio de lo narrado y a su concreción en una escritura que busca en el lenguaje poético la esencia de su propia tragedia. El material narrativo de esta literatura estará, entonces, vinculado en buena medida con la realidad predominantemente trágica del entorno. Qué otra dominante puede ser, si no es aquella terrible realidad que obliga a los sobrevivientes a formar parte de esas diásporas, y concebir a los que se quedan casi como meros habitantes del Averno, en donde no tienen otra opción más que vivir en medio de la nueva ley: aquella impuesta por la economía del narcotráfico y sus tecnologías de la violencia, que tanto ha mermado a su población, y con ella su identidad y cultura locales. Si bien no son nuevas las razones por las cuales se han dado las migraciones humanas a lo largo de la historia, podemos concluir que en este espacio geográfico éstas se han dado sobre todo por la exacerbada violencia que se vive en la zona producto del narcotráfico y su relación con el Estado, y también por la prevalencia de un sistema de valores en donde los códigos de honor y justicia difieren radicalmente de aquellos impuestos por el sistema jurídico y las instituciones del país.

Bibliografía

Arreola, Guillermo. *La venganza de los pájaros*. México: Fondo de Cultura Económica, 2006.

Badillo, Alejandro. "Geney Beltrán Félix, Adiós, Tomasa, México, Alfaguara, 2019, 326 pp." (reseña). *Criticismo* 33 (2020): https://criticismo.com/adios-tomasa/

Beltrán, Geney. *Adiós, Tomasa*. México: Alfaguara, 2019.

Bernal, Roberto. "Pintar y escribir: el costo de huir de uno mismo / Entrevista con Guillermo Arreola". *La Jornada Semanal*, 7 de noviembre de 2021: https://semanal.jornada.com.mx/2021/11/07/pintar-y-escribir-el-costo-de-huir-de-uno-mismo-entrevista-con-guillermo-arreola-7236.html

Enciso, Froylán. *Nuestra historia narcótica. Pasajes para (re) legalizar las drogas en México*. México: Debate, 2015.

Luiselli, Alejandra. "Víctor Hugo Rascón Banda: el dramaturgo de la dignidad humana". *Confluencia 29* (2013): 172-186.

Poniatowska, Elena. "Adiós, Tomasa, la novela de Geney Beltrán" (reseña). *La Jornada*, 10 de noviembre de 2019. https://www.jornada.com.mx/2019/11/10/opinion/a03a1cul

Rascón Banda, Víctor Hugo. *Contrabando*. México: Planeta, 2008.

---. *Volver a Santa Rosa*. México: Joaquín Mortiz, 1996.

Risso Nieva, José María, "Teatro, narcotráfico y violencia. Acerca del drama Contrabando de Víctor Hugo Rascón Banda". *Poligramas* 48 (2019): 75-90.

Torres Torija, Mónica. "La violencia del machismo en Adiós, Tomasa de Geney Beltrán Félix". *Humanitas. Revista de Teoría, Crítica y Estudios Literarios* 1.1 (2021): 93-122. https://doi.org/10.29105/revistahumanitas1.1-4

La migración indocumentada en *My (Underground) American Dream* (2016) y *Someone Like Me* (2018), de Julissa Arce

Christina L. Sisk Nava
University of Houston

Resumen

Julissa Arce es una mujer inmigrante que creció en Estados Unidos después de su migración con su familia de México, su país de origen. Arce escribió una memoria sobre su migración a Estados Unidos en *My (Underground) American Dream* (2016) y después publicó una versión modificada titulada *Someone Like Me* (2018), escrita para un público lector joven. Estas memorias cuentan sobre la experiencia de la migración indocumentada de Arce. Ella escribe desde el punto de vista de una mujer que ya ha legalizado su estatus migratorio por medio del matrimonio y también cuenta de su carrera en Wall Street como una prueba de su éxito en Estados Unidos. Dentro de ambas memorias, Arce nos cuenta de su decisión de usar documentos falsos para poder sobrevivir como estudiante universitaria con pocos recursos. En este ensayo analizo el tema de la documentación de la migración. Uso el concepto de documentación a diferentes niveles para explorar la narración de la migración al igual que las discusiones sobre la documentación legal e ilegal asociada a esa migración. Arce se autodocumenta en estos textos y nos muestra el aislamiento que se siente al ser una joven indocumentada.

Abstract

Julissa Arce is an immigrant woman who grew up in the United States after her migration with her family from Mexico, her place of origin. Arce wrote a memoir about her migration to the United States in *My (Underground) American Dream* (2016), and later she published a modified version entitled *Someone Like Me* (2018), written for a young reading audience. These memoirs tell about the experience of Arce's experience of undocumented migration. She writes from the point of view of a woman who has legalized her migratory status by way of marriage, and she also tells us about her career in Wall Street, as proof of her success in the United States. In both memoirs, Arce recounts her decision to use false documents to be able to survive as a university student with few resources. In this essay, I analyze the documentation of migration. I use the concept of documentation at different levels to explores the narration of the migration as well as the discussions over legal and illegal documentation associated to the migration. Arce autodocuments herself in these texts, and her demonstrates the isolation that she felt being a young undocumented immigrant.

Julissa Arce es una mujer inmigrante que creció en Estados Unidos después de su migración con su familia desde México, su país de origen. Arce escribió una memoria sobre su migración a Estados Unidos en *My (Underground) American Dream* y después publicó una versión modificada titulada *Someone Like Me*, escrita para un público lector joven. Ella escribe desde el punto de vista de una mujer que ya ha legalizado su estatus migratorio por medio del matrimonio y también cuenta de su carrera en Wall Street, como una prueba de su éxito en Estados Unidos. Dentro de ambas memorias, Arce nos cuenta de su decisión de usar documentos falsos para poder sobrevivir como estudiante universitaria con pocos recursos. Arce se auto documenta en estos textos y nos muestra el aislamiento que siente al ser una joven indocumentada.

En este ensayo analizaré el concepto de documentación a varios niveles: primero como proceso legal y segundo como parte del texto en la que la migrante cuenta su experiencia. El proceso de documentarse como migrante es paralelo al tema de su documentación legal. La inmigrante escribe para contar de las dificultades que vivió al tener que migrar sin el permiso formal para ser residente de Estados Unidos. Se presenta un concepto adicional de documentación al narrar cómo obtuvo documentos falsos para lograr algunos de sus méritos de trabajo. Podríamos decir que estos textos narran un crimen, pero las narrativas no lo presentan de tal forma. Al usar documentos falsos, la inmigrante tiene que lidiar con una mentira o una omisión de información. En estas narraciones, los textos funcionan como una confesión de la mentira, pero no de un crimen. Esta diferencia es fundamental porque hay un propósito político al narrar sobre la falsificación de documentos. Al sentirse fuera de la estructura legal, Arce se autodocumenta con un número falsos de seguro social. Aunque Arce narra sobre la experiencia de vivir sin documentos, ella escribe después de recibir su ciudadanía. Esta memoria se narra después del cambio de estatus, que implica menos riesgo para la escritora.

Jóvenes inmigrantes

Se tiende a pensar en los inmigrantes indocumentados como un grupo en las sombras y fuera de la atención pública, pero recientemente un grupo de jóvenes inmigrantes está cambiando nuestras percepciones de la sociedad al estar visibles dentro de los medios de comunicación. Este grupo consiste de personas que estudiaron en Estados Unidos y hay muchos que han manejado su estatus migratorio de manera pública. Aunque hay inmigrantes latinos que forman parte de este grupo, también incluye asiáticos e inmigrantes de otros países. Con DACA (Deferred Action for Childhood Arrivals), los inmigrantes jóvenes recibieron la autorización para trabajar en Estados Unidos ayudándolos a seguirse estableciendo en los Estados Unidos. Algunos inmigrantes quedaron por fuera de DACA ya que tenía más de treinta años de edad cuando comenzó el programa, como es el caso del escritor conocido José Antonio Vargas, autor de *Dear America: Notes of an Undocumented Citizen*. Aunque Julissa Arce nunca recibió DACA, ella era una estudiante que esperaba ser incluida en el DREAM Act y pudo estudiar a pesar de su estatus legal. Como narradora e inmigrante, Arce cuenta de su vida en las sombras, pero lo hace ya después de tener su ciudadanía estadounidense.

Muchas veces se conoce a este grupo como Dreamers o soñadores, el nombre que hace referencia al DREAM Act (the Development, Relief, and Education for Alien Minors Act). Walter Nicholls define este grupo de la siguiente manera, "I use the term 'DREAMer' to describe politically active undocumented young adults who self-identify as 'DREAMers' and who have worked in campaigns to advance the rights of undocumented youth in the country" (18). ("Yo uso el término soñador para describir jóvenes adultos indocumentados políticamente activos que se autoidentifican como soñadores y que han trabajado en campañas para avanzar los derechos de jóvenes indocumentados en este país.") Nicholls analiza el contexto politico en su libro *The DREAMers: How the Undocumented Youth Movement Transformed the Immigrant Rights Debate*:

> During the early 2000s the National Immigration Law Center (NILC) and Center for Community Change played instrumental roles in raising the issue in Congress, developing a strategy to push for the DREAM Act, crafting a representation of undocumented youths and their cause, and representing them directly to political officials. Given the lack of experience of undocumented youths in national-level activism, immigrant rights associations possessed the resources needed to transform the grievances of undocumented youths into a legitimate political voice in the public sphere (48-49).[33]

Nicholls argumenta que United We Dream salió de la colaboración de estas organizaciones con el propósito de entrenar a los jóvenes a contar sus historias dentro de un molde nacional. Se pensaba que las historias tenían que ser consistentes para poder unirlas como parte de un proyecto político. Nicholls argumenta que estos jóvenes aprendieron a exponer sus propias historias dentro de estos moldes, y otros activistas disidentes salieron de ese discurso impuesto por las organizaciones. El problema con usar Dreamers o soñadores para nombrar a los jóvenes indocumentados es que el DREAM Act nunca pasó y nunca fue implementado. Podemos ver la resistencia en el nombre de la colección *We Are Not Dreamers: Undocumented Scholars Theorize Undocumented Life in the United States* editado por Leisy J. Abrego y Genevieve Negrón-Gonzales.

Estos inmigrantes se están manifestando y utilizando las artes para crear visibilidad para forjar un espacio de supervivencia, aunque muchos

[33] Durante los principios de los 2000 el National Immigration Law Centro (NILC) y el Center for Community Change tomaron papeles instrumentales en plantear el problema en el Congreso, en desarrollar una estrategia para propulsar el DREAM Act, creando una representación de los jóvenes indocumentados y su causa, y representarlos directamente a los oficales políticos. Dada la falta de experiencia de los jóvenes indocumentaods en el activismo a nivel nacional, las asociaciones de derechos de inmigrantes poseían los recursos necesitados para transformar las quejas de los jóvenes indocumentados en una voz política legítima en la espera pública.

siguen viviendo sin documentos. A falta de documentación legal, los inmigrantes jóvenes han creado un espacio para documentar sus experiencias en la escritura y por los medios visuales. Este proceso de documentación ocurre por los medios de comunicación y también por escrito. En *Undocumented Storytellers: Narrating the Immigrant Rights Movement*, Sarah C. Bishop analiza las narrativas reclamantes de jóvenes inmigrantes: "Reclaimant narratives are the experiential, partial, public, oppositional, and incondensable stories that marginalized individuals use to assert their right to speak and reframe audience understanding" (30)[34]. Estos jóvenes deciden compartir sus narrativas de manera pública para poder contrarrestar los estereotipos sobre los indocumentados y reposicionar su vida para redefinir los efectos de vivir sin documentación.

En "Challenging the Transition to New Illegalities: Undocumented Young Adults and the Shifting Boundaries of Inclusion", Roberto G. Gonzales, Luisa Laura Heredia y Genevieve Negrón-Gonzales analizan las experiencias de estudiantes indocumentados que han tenido éxito dentro del sistema escolar en los Estados Unidos. Gonzales y sus colaboradores argumentan que "the role of public schools is increasingly critical, as the returns on education have sharply increased over the past decades. But public schools' socialization mechanisms are also powerful catalysts for promoting the acculturation processes of the children of immigrants" (169)[35]. Aunque ven los beneficios de una educación estadounidense, los autores son claros en argumentar que no todos los estudiantes tienen la misma experiencia escolar y no todos son estudiantes ejemplares. A pesar de estas claras limitaciones para los estudiantes inmigrantes, algunos han decidido entrar en una discusión política para expresar sus puntos de vista.

---

[34] "Narrativas reclamantes son las historias experienciales, parciales, públicas, oposicionales e incondensables que los individuos marginalizados usan para acertar su derecho a hablar y reformular el entendimiento espectador."

[35] "el papel the las escuelas públicas es cada vez más crítico, en lo que las devoluciones de educación han incrementado bruscamente durante las últimas décadas. Pero los mecanismos de socialización de las escuelas públicas son catalizadores potentes para promover el proceso de aculturación de los hijos de inmigrantes."

Gonzales, Heredia y Negrón-Gonzales notan cómo estos jóvenes han tomado cierta postura en cuanto a su educación y su papel político: "Powerfully integrated into the framework of this country, students have access to the ideals of meritocracy and the promise of upward mobility (despite the pragmatic limits to these ideals). Taken together, undocumented young people can leverage these democratic ideals along with their identity as students to bolster their claims to higher education and to formal membership" (174)36. Estos estudiantes jóvenes tienen un potencial político y utilizan su conocimiento para poder articular la necesidad de una inclusión legal.

Las memorias de Julissa Arce están relacionadas a estos inmigrantes jóvenes. Arce estudio en la Universidad de Texas en Austin por medio de House Bill 1403, un apoyo en Texas para los jóvenes migrantes que crecieron en el estado de Texas. House Bill 1403 permitió que estos inmigrantes pagaran su matrícula como residentes del estado de Texas, bajándoles el precio de estudio. Con este apoyo, Arce es de una generación previa a DACA. En *My (Underground) American Dream*, Arce cuenta que ella sabía de las discusiones sobre el DREAM Act (Development, Relief, and Education for Alien Minors Act) que fue presentado en el 2010, pero ella no contó su historia y no se expuso cuando era indocumentada. En *Someone Like Me*, Arce comienza su memoria con una nota sobre los jóvenes con DACA. Esta memoria es más corta que la primera y presenta más detalles sobre su niñez y su juventud como migrante. Los lectores esperados son jóvenes indocumentados actuales y *Someone Like Me* está escrita para que estos jóvenes sepan que hay otras personas que entienden y han vivido sin documentos.

Aunque hay un propósito político al escribir, estos textos de Arce son memorias en vez de testimonios. El testimonio tradicional muchas

[36] "Integrados poderosamente en la estructura de este país, los estudiantes tienen acceso a los ideales de la meritocracia y la promesa de la movilidad hacia arriba (a pesar de los límites pragmáticos a estos ideales). Juntos, las personas jóvenes indocumentadas pueden aprovecharse de estos ideales democráticos con su identidad de estudiantes para reforzar sus reclamos a la educación superior y a la membresía formal."

veces incluye otro proceso de escritura al incorporar una transcripción y escritura de la historia por medio de otra persona que se encarga de escribir el texto. La denuncia que se presenta en un testimonio tiende a mostrar un problema social que perjudica a toda una comunidad. El secreto que se presenta en estos textos muestra que la escritora estaba aislada de otros indocumentados. Arce no intenta representar a todos los indocumentados y se muestra una situación de distancia que limita el contacto para poder formar una historia comunitaria. Las memorias son textos en los que se siente la distancia creada por el secreto de la falta de documentos. La escritura revela ese sentimiento de aislamiento, que se desestabiliza al publicarlo a sus lectores. Este proceso de documentación narrativa sirve para politizar la memoria individual. Otro factor en la narración es la meta individual de Arce como joven migrante, quien quiere sobresalir en su trabajo. En una sociedad individualista, esa necesidad de documentación legal se presenta dentro de un contexto de metas profesionales que parecen sobrepasar el estereotipo del trabajador migrante, que trabaja en agricultura, construcción, limpieza y otras profesiones.

El secreto de ser indocumentada

Julissa Arce llega a los Estados Unidos de niña con visa de turista y con permiso para moverse entre fronteras. Como tenía once años cuando llegó a Estados Unidos, la niña no tenía noción de su estatus legal y lo que implicaba quedarse en Estados Unidos sin los permisos adecuados. Sus padres poseían licencia de conducir y hasta números de seguro social, que no eran para trabajar. Sus padres importaban joyería de plata de México a Estados Unidos, y la madre se pasaba viajando para vender sus importaciones en ciudades en Estados Unidos. Este detalle marca a la familia ya que son de Taxco, una región conocida por su joyería de plata. Al principio de la memoria, Arce cuenta lo difícil que es ser una niña separada de sus padres, pero en un momento deciden que ya tiene que ir a vivir con ellos.

Arce explica que sus padres tenían sus documentos para llegar y salir de Estados Unidos. Ella explica: "My parents both had Texas driver's licenses. All they needed back then was a passport and visa to get one. In fact, both of my parents also had social security cards that specified they were 'NOT VALID FOR EMPLOYMENT.' Those cards allowed them to pay their business taxes and open lines of credit in the United States" (35)[37]. Arce brevemente describe la documentación de sus padres. La frase en mayúsculas es cómo se presenta en la tarjeta del seguro social, pero también nos muestra la contradicción en la documentación de ellos, ya que trabajaban. Ellos habían trabajado con viajes entre México y Estados Unidos desde antes que Julissa llegara a Estados Unidos. Arce explica que ella es de una familia comerciante.

En *My (Underground) American Dream*, Julissa Arce describe la tensión que existe entre ella y sus padres dado a su decisión de llevarla a estudiar a Estados Unidos. La tensión que describe conforma a las narrativas de Dreamers que describe Marta Caminero-Santangelo. Como son inmigrantes que llegaran de niños, parte de su argumentación en cuanto a su legalidad es que no escogieron migrar a Estados Unidos. Esta argumentación implica que sus padres son responsables por tomar la decisión de migrar con sus hijos a Estados Unidos. Algunos inmigrantes de esta generación joven intentan no criminalizar a sus padres. Caminero-Santangelo explica la dificultad que ella nota en las relaciones padres e hijos:

> DREAMer testimonies, however, are often uneasy with suggesting that parents made "bad" decisions. Thus, in several DREAMer narratives, what emerges is a fraught relationship to that parental decision—a relationship that manifests itself as one of debt and obligation to the parent(s), who took grave risks in seeking a

[37] "Ambos padres tenían licencias de conducir. Todo lo que necesitaban en aquel entonces era un pasaporte y una visa para obtenerlo. De hecho, ambos padres también tenían tarjetas de seguro social que especificaban que 'NO VALIDO PARA EMPLEO.' Esas tarjetas les dejaban pagar sus impuestos de negocio y abrir cuentas de crédito en los Estados Unidos."

> *better life for their children* than was available in the home country. The unspoken subtext is a deficit model for the country of origin—dreams can be achieved in the United States but not in Mexico (or other home countries) (30).[38]

A diferencia de lo que describe Caminero-Santangelo, Julissa Arce entiende su niñez en México con muchas comodidades que nunca tuvo en Estados Unidos, como clases de baile aparte de la escuela privada que asistía. Arce relaciona Taxco con su familia extendida y el apoyo de su tío y especialmente de su abuela, quien la cuida cuando sus padres viajan a Estados Unidos. Aunque Arce tenía esas comodidades en México, se quedaba con su abuela cuando sus padres trabajaban en Estados Unidos.

Después de mudarse a Estados Unidos, Arce todavía viaja a México con su visa hasta que esta se vence y ya no puede renovarla. El problema para renovarla es que la niña ya había asistido una escuela católica sin permiso: "I had no idea that enrolling as a student in that American school was breaking the law" (*My* 34)[39]. Sus padres tomaron la decisión de matricularla en una escuela en Estados Unidos para que ella pudiera vivir con ellos, pero esa decisión no se la explicaron a su hija hasta unos años después. Arce describe la ilegalidad de su esolaridad, "The only 'ilegal' thing they did was to take me, their own daughter, to school—even though it was a private education, at no cost to American taxpayers and

[38] "Los testimonios de los soñadores, sin embargo, muchas veces son difíciles al sugerir que los padres tomaron "malas" decisiones. Entonces, en varias de las narrativas de los soñadores, lo que emerge es una relación tensa a la decisión de los padres—una relación que se manifiesta como una de deuda y obligación al (a los) padre(s), quien(es) tomaron graves riesgos al buscar una *mejor vida para sus hijos* de lo que era disponible en su país natal. El subtexto tácito es un modelo déficit para el país de origen—sueños que pueden ser logrados en los Estados Unidos, pero no en México (u otros países natales)".

[39] "Yo no sabía que inscribirme como estudiante en esa escuela estadounidense era un delito."

for which they paid top dollar" (*My* 35)[40]. Con la referencia a la escuela privada, Arce parece estar reaccionando a las acusaciones que los inmigrantes indocumentados roban de servicios sociales estadounidenses.

En capítulo cinco, "You're Illegal Now", Arce nos describe el trauma de descubrir finalmente cómo la falta de documentación le iba a afectar a su futuro. La joven Arce sueña con tener una quinceañera como la que tuvo su hermana mayor. A los catorce años Arce comienza a hacer planes para su gran cumpleaños. Sabe que su familia tiene problemas financieros, pero ella comienza a pedirle el apoyo a su familia extendida para poder ayudarle a sus padres. Su madre se vuelve evasiva sin explicarle su reacción, pero después le explica a su hija que no tienen los recursos y la joven ya no tiene la visa para poder regresar a Estados Unidos. Arce pensaba que organizar la fiesta en México sería más factible para su familia, pero no sabía sobre su propio estatus migratorio. Roberto Gonzales estudió a un grupo de jóvenes indocumentados que había llegado cuando eran niños y notó que parte de este grupo no había descubierto su estatus migratorio hasta ya jóvenes. Gonzales argumenta que los jóvenes no pueden entrar en los ciclos de la adultez, ya que muchos de estos pasos implican tener papeles, como manejar un carro y buscar trabajo. Estos inmigrantes jóvenes son de la generación 1.5, como los nombró el sociólogo Rubén Rumbaut. Gonzales utiliza esta clasificación para describir las vidas de estos jóvenes: "The young people I profile straddle the worlds of their immigrant parents and their native-born peers. As they move toward adulthood, they struggle with the widening gap between their identity as 'Americans' and their legal designation as undocumented immigrants" (8)[41]. Julissa Arce es de la generación 1.5 y no encuentra una manera de resolver esta tensión.

40 "La única cosa 'ilegal' que hicieron fue llevarme, su propia hija, a la escuela—aunque era una educación privada, sin costo alguno a los contribuyentes de impuestos estadounidenses y al que fue bien pagado."

41 "Los jóvenes que yo perfilo abarcan ambos mundos de sus padres inmigrantes y sus compañeros/as nativos/as. En lo que crecen hacia su adultez, luchan con una brecha ensanchándose entre su identidad como 'estadounidenses' y su designación legal como inmigrantes indocumentados."

La quinceañera es una ceremonia y celebración de llegar a ser adulta. Las jóvenes son presentadas a la sociedad para ser iniciadas a una nueva etapa de vida. En el caso de Arce, su madre le declara que no podrá tener tal celebración y por fin le explica el secreto que no le había dicho a su hija: "Look, I didn't want to get into this, but your visa is expired. You can't go back to Mexico, and you cannot have a quinceañera" (*My* 58)[42]. El tipo rito de pasaje de las jóvenes es reemplazado con el descubrimiento que es indocumentada. Arce explica lo que ser joven sin documentos significa para ella, "The rites of passage of American adolescent rebellion suddenly felt like a privilege I wouldn't be afforded. I couldn't believe it. I was finally in high school, and suddenly I felt I had less freedom than ever" (61)[43]. La falta de la quinceañera en su caso representa la inhabilidad de entrar en los ritos asociados a la adultez. Arce explica que sus padres, sobre todo su madre, evitaron tener la discusión hasta que ella los presionó: "They didn't have any other solutions for my visa situation. They didn't explain anything more about it, and I don't think they fully realized what it would mean for my future. And yet, I started to figure it out pretty quickly" (*My* 60)[44]. Arce tiene que aprender cómo manejar su futuro sin documentos sola sin sus padres.

El no poder renovar su visa implica que Julissa Arce siente la separación con su país de origen, México, y su familia extendida. La narrativa de Arce no conforma con otras narrativas de soñadores ya que ella se identifica con México a pesar de la distancia. Camino-Santangelo explica que muchos inmigrantes de esta generación no sienten una identificación con México: "This narrative strain also facilitates a pronounced *dis*identifica-

[42] "Mira, no quería meterme en esto, pero tu visa está expirada. No puedes volver a México, y no puedes tener una quinceañera."

[43] "Los ritos de pasaje de la rebelión estadounidense de repente los sentí como un privilegio que no me sería concedido. No lo podía creer. Por fin estaba en la secundaria y de repente sentí menos libertad que nunca."

[44] "No tenían algunas otras soluciones para mi situación de visa. No explicaron más de eso, y yo no pensaba que ellos entendían completamente lo que significaría para mi futuro."

tion of DREAMers with Mexico; DREAMer narratives frequently emphasize their lack of knowledge of the home country" (31)[45]. En la narrativa de Arce, ella nos cuenta de su necesidad de regresar a México a ver a su familia justo después de recibir su residencia. Lo que describe Arce es una comunidad transnacional en la que ella participa de lejos al no poder llegar a México por muchos años. Por la falta de visa para viajar entre los dos países, Arce tiene que mantenerse en Estados Unidos, pero ella siente una afinidad con su país natal.

A diferencia de los soñadores que fueron entrenados a posicionarse como estadounidenses en cultura, Arce se niega a desconectarse de su herencia mexicana. Desde un principio, ella describe a su madre de la siguiente manera: "By the time I was born in 1983, my mother had started what would become a very successful business selling silver jewelry and merchandise from our hometown of Taxco (pronounced 'Tas'-co')" (*My* 10)[46]. Arce describe a la familia de su madre como trabajadores mercantiles porque tenía una tienda llamada Metales Aviles: "The fact that Metales Aviles was a recognizable landmark in Taxco is a big point of pride, because that is the business my maternal grandparents founded" (*My* 12)[47]. Ella se describe como parte de una comunidad transnacional mercantil.

Cuando descubre por su madre que ya no puede ir a México, Arce busca resolver su falta de documentación por medio de su amiga, Tiffani. Arce anhela tanto la situación de la joven estadounidense, que le pide a los padres de su amiga que la adopten. Ella concluye: "I figured that would make me an official American" (*My* 59)[48]. Ella habla con los padres de Tiffani, y ellos le contestan que sí la adoptarían con el permiso de sus

[45] "Esta tensión narrativa también facilita una *des*identificación pronunciada de los soñadores con México; las narrativas de los soñadores enfatizan su falta de conocimiento del país de origen."

[46] "Para cuando había nacido en 1983, mi madre había comenzado lo sería un negocio muy exitoso vendiendo joyería de plata y mercancía de nuestra ciudad de Taxco (pronunciado 'Tas'-co')".

[47] "El hecho que Metales Aviles fuera un punto de referencia en Taxco es un punto de orgullo, porque ese es el negocio que mis abuelos maternos fundaron."

[48] "Yo pensaba que eso me haría oficialmente una estadounidense."

padres. Arce no logra su objetivo de hacerse ciudadana por medio de la adopción, porque sus padres no le dan el permiso de legalmente cambiar de familia: "My parents listened to me present the idea, but they were too proud to have their daughter adopted, even if it was just for papers" (*My* 60)[49]. El plan le parece viable a la joven inmigrante, porque le ayudaría resolver la tensión de vivir entre generaciones y sin documentación. Ella busca tener la vida que tiene su amiga estadounidense y no le parece un conflicto pedirles a sus padres que dejen de tener sus derechos como padres. Ella interpreta su decisión como parte de un "orgullo" en vez de una preocupación por su bienestar.

Julissa Arce cuenta que su relación con sus padres es desigual. Ella se lleva bien con su madre, pero sufre de abuso por su padre. El padre era abusivo con ella y con su madre. En un momento, Arce decide que va a defender a su madre del abuso y le llama a la policía. Arce se pregunta, "*How could I have called the police on my own father?*" (*My* 81)[50]. Ella intentó razonar con su padre y le dijo que le llamaría a la policía si no dejaba de pegarle a su madre. Cuando su padre continuó abusando de su madre, Arce tomó la decisión de llamarle a la policía a pesar del riego que ella personalmente tomaba al pedir ayuda. Arce describe lo complicado que fue tomar esa decision: "What I was about to fully understand, every single decision has potentially life-altering consequences. Nothing is ever as simple as it appears. There are always more complications to be faced. I had done the right thing by calling the cops; I had also done a terrible thing by callings the cops, and the fallout was shattering" (*My* 81). ("Lo que iba a entender completamente, cada decisión tiene consecuencias potenciales de alterar la vida. Nada es tan simple como aparece. Siempre hay más complicaciones que afrontar. Había hecho lo correcto en llamarle a la policía; también había hecho algo terrible al llamarles a los policías, y las consecuencias fueron aplastantes.") Ella no entendía que su padre sería

---

[49] "Mis padres me escucharon presentarles la idea, pero eran demasiado orgullosos para dejar que se adoptara su hija, aunque fuera por documentos."

[50] "¿Cómo pude haberlo denunaciado a mi padre a la policía?"

deportado por esa llamada y tendría que salir de Estados Unidos por seis meses a pesar de tener una visa vigente. Al salir su padre del país, Arce ve que su madre se vuelve una madre soltera que tiene que encargarse sola de sus hijos.

Arce decide que la educación le ayudará a resolver el conflicto en el hogar. Ella busca la promesa del sueño americano:

> I resolved to spend as much time as I could out of the house. School became a sanctuary for me. I buried myself in my studies and activities, knowing that they were my only ticket out. I started reading up on colleges all over the country, in faraway places, believing in the American dream—that if I worked hard enough and got good grades I could get into one of those schools and leave that house (82).[51]

Arce solicita a una larga lista de universidades, pero deja los espacios para el seguro social en blanco. Ella comienza a descubrir lo difícil que es vivir sin seguro social cuando recibe las cartas de rechazo de las universidades a las que había solicitado. Hace una ronda de llamadas para preguntarles sobre sus solicitudes, y una mujer le dice que podría ser aceptada en la universidad, pero no tendría la posibilidad de pedir ayuda financiera para pagar sus estudios. Aunque Arce cree en el sueño americano, lo que encuentra es el obstáculo que representa vivir sin documentación.

Roberto Gonzales argumenta que los niños inmigrantes se quedan resguardados en el sistema escolar a pesar de no tener documentos, pero comienzan a sentir las limitaciones de su estatus migratorio cuando ya les

[51] "Resolví pasarme lo más posible fuera de la casa. La escuela se convirtió en un santuario para mí. Me enterré en mis estudios y actividades, sabiendo que eran mi única salida. Comencé a leer sobre universidades por todo el país, en lugares lejanos, creyendo en el sueño americano—que si trabajaba lo suficiente y sacaba buenas notas podía entrar a una de esas escuelas y salir de la casa".

toca salir de esa institución y cuando ya tienen que presentar la documentación para seguir con las etapas adultas. El caso de Arce es muy parecido a los casos que estudia Gonzales, pero ella entra a su vida de adulta con una carrera a pesar de ser indocumentada. Lo que le ayuda hacer la transición es que, por medio de House Bill 1403 del estado de Texas, Arce puede solicitar a la Universidad de Texas en Austin y ser considerada una residente estatal. Ella consigue el apoyo financiero que necesita para estudiar en la universidad. Aunque ella quería irse lejos de San Antonio para estudiar, ella se queda feliz con las posibilidades de poder continuar sus estudios.

Documentación falsa

My (Underground) American Dream comienza con el prólogo que narra sobre su ansiedad unos días antes que Julissa Arce comenzara a trabajar en Goldman Sachs. Su novio Robert la lleva al hospital para ver qué le está pasando. El prólogo sirve para poner la narrativa sobre su niñez en contexto. Arce es una mujer educada que va a comenzar un trabajo nuevo usando documentos falsos. Arce nos describe esa ansiedad de mantener una mentira, "In less than two weeks there was more than a good chance my secret would finally be exposed—the secret that could ruin my life, that could send me to jail, that could end my career before it began. The secret I'd been forced to keep since I was fourteen years old" (*My* 4)[52]. Arce explica que desde los catorce años había podido sobrevivir por medio de la negación. Ella marca esa edad por el hecho de descubrir el secreto de su visa expirada, pero ella vivió en Estados Unidos desde los once años. Aparte del prólogo, la memoria comienza antes de su migración y termina cuando ella ya es una ciudadana estadounidense.

[52] "En menos de dos semanas había una gran posibilidad que mi secreto finalmente sería expuesto—el secreto que podría arruinar mi vida, que podría mandarme a la prisión, que podría terminar mi carrera antes que comenzara."

Los jóvenes inmigrantes muchas veces sienten tensión con sus padres porque algunos argumentan que no decidieron migrar a Estados Unidos sin documentación. Este es el discurso típico de los soñadores. Dicen que llegaron a Estados Unidos sin tener culpa.[53] Aunque se podría decir que este es el caso de Arce, su memoria se separa de estos activistas ya que la escritora admite su propia culpa en comprar documentos falsos para sobrevivir. Arce admite su culpabilidad y explica que no es una inmigrante perfecta. El capítulo once de *My (Underground) American Dream* está titulado "Walking Papers," un modismo que implica que alguien ha cometido un error que implica una partida. El capítulo nos cuenta el conflicto en el que se encuentra Arce al pagar por un número de seguro social falso para poder trabajar. Cuando llegó a UT Austin, Arce iba a San Antonio los fines de semana para trabajar en el puesto familiar en que cocinaban *funnel cakes* (pasteles fritos). La venta de estos postres era directa y no requería documentación legal. Cuando su madre, la encargada original del negocio, ya no puede trabajar por un accidente, Arce toma las riendas del negocio para pagar sus cuentas universitarias, pero llega el momento en que pierde el espacio donde el negocio funciona. Dados estos cambios económicos, Arce decide que tendrá que usar documentos falsos para poder trabajar. Se comunica con la novia de un joven mexicano, quien Arce sospecha está en la misma situación indocumentada que ella, pero el muchacho tiene un trabajo formal. Ella indaga lo suficiente de su caso para encontrar una forma de comprar documentos falsos.

El proceso de comprar los documentos es relativamente fácil y los termina usando cuando ya encuentra un trabajo fijo después de su graduación universitaria. Arce describe la transacción de la siguiente manera:

> She wrote down the correct spelling of my name and my date of birth, and two weeks later I received an envelope from her. Inside were a fake green card and a

[53] Walter Nicholls argumenta que este es uno de los conflictos que cambia por las discusiones entre los inmigrantes. Muchos jóvenes pensaban que esto sonaba que estaban culpando a sus padres por su migración.

> fake social security card with my name of them. I had never held a real green card or social security card in my hands before. They look like government documents, I suppose, but I had no idea if they were good fakes or not. I had no idea if the paper was the right thickness, or if the typeface was correct or if they would fool anyone (124).[54]

Sus preguntas sobre la calidad de los documentos falsos son cruciales, ya que muestran que ella no había visto copias originales.

Sabemos que nadie sospecha que son documentos falsos porque termina usando estos mismos documentos al comenzar su pasantía de verano y después al comenzar su puesto formal en Goldman Sachs, la firma financiera en Wall Street. Ella tomó la pasantía con el propósito de encontrarse un trabajo cuando se graduara de UT Austin, pero no es hasta que le hacen la oferta de trabajo que ella comienza a preocuparse por su documentación: "It wasn't until things quieted down that night that I felt a panic. Oh. How am I actually going to take this offer? How am I actually going to be able to have this job? I'll have to go through background checks, and I have to go through all of these government agencies just to get my licenses. It's never going to work" (My 160)[55]. Arce marca su diálogo interior con las cursivas y muestra sus preocupaciones que no le puede mostrar a nadie. Anteriormente, ya había expresado que no le había dicho a nadie sobre su estatus migratorio y su tarjeta falsa de seguro social.

---

[54] "Ella escribió la ortografía correcta de mi nombre y la fecha de nacimiento, y dos semanas después recibí de ella un sobre. Adentro estaban una tarjeta de residencia falsa y una tarjeta de seguro social falsa con mi nombre. Yo nunca había tenido en mis manos una tarjeta de residencia o de seguro social. Parecían documentos gubernamentales, supongo, pero no tenía idea si eran buenos documentos falsos o no. Yo no tenía idea si el papel era del grueso correcto o si la tipografía era correcta o si engañaran a alguien".

[55] "No fue hasta que las cosas se calmaron esa noche que sentí un pánico. Oh. ¿Cómo voy a aceptar la oferta realmente? ¿Cómo voy a tener este trabajo de verdad? Tendré que pasar por una verificación de antecedentes, y tendré que pasar por todas estas agencias gubernamentales para recibir mis licencias. Nunca va a funcionar."

Pocas veces se deja pensar lo que implica usar estos documentos para trabajar: "The only solution I could come up with was to stuff my worries away and put them in a little mental closet. Like always, I retreated back into my little bubble where everything was all right" (My 160).[56] Su closet migratorio es muy parecido al closet de un homosexual en que no se expresan sus sentimientos. La gran diferencia es que Arce había decidido cometer un crimen para poder seguir adelante.

Arce describe la tensión que siente por usar los documentos, pero pocas veces describe el panorama legal en el que está funcionando. En un momento sí admite que ha cometido un crimen: "If I took the offer, I'd be breaking the law again. If I didn't take the offer, I'd be giving up on everything I, and my parents, had ever worker for" (166).[57] Ella contempla su oferta de trabajo cuando está por graduarse de la universidad y comenta que no conoce a otras personas como ella:

> I had no idea if any other students in my graduating class were undocumented. I had no connection to any sort of support group or networking organization for people in my situation. I had only kept up with immigration policies from the sidelines. I was embarrassed by the fact that I wasn't showing more support to those who were fighting for my rights, but more than being embarrassed, I was afraid to come out as an undocumented immigrant (*My* 167-168).[58]

---

[56] "La única solución que pude resolver fue de guardarme mis preocupaciones y ponerlas en un closet mental. Como siempre, me retiré a mi burbujita donde todo estaba bien."

[57] "Si tomaba la oferta, estaría quebrando la ley otra vez. Si no aceptaba la oferta, estaría abandonando todo lo que yo, y mis padres, habíamos trabajado."

[58] "No tenía idea si otros estudiantes en mi clase graduada eran indocumentados. Yo no tenía ninguna conexión a un grupo de apoyo o una organización con red de contactos para gente en mi situación. Solo me había mantenido al tanto de las políticas migratorias desde los márgenes. Tenía vergüenza por el hecho que no les estaba mostrando más apoyo a las personas que estaban peleando por mis derechos, pero más que avergonzada, yo tenía miedo de anunciar que era inmigrante indocumentada".

Este detalle es importante porque al publicar sus historias de manera pública, ya sea por entrevistas o personalmente, se disminuyen las posibilidades de mantener el tipo de secreto para poder usar un seguro social falso.

Las memorias de Arce describen la negación durante el tiempo cronológico de la narración, pero también como narradora. Al presentar sus documentos para el trabajo fijo en Goldman Sachs, Arce describe su reacción corporal, "On my way to lunch I ducked into a bathroom stall, closed the door, and puked. It took everything I had just to breathe" (*My* 175)[59]. Ella siente el pánico de ser descubierta, pero sigue con su plan de trabajo y piensa parcialmente sobre las consecuencias: "Even if they did report me and I did get deported, I had my whole family in Mexico. I had a degree. I would survive. My life wouldn't end" (*My* 177).[60] Ella contempla el riesgo de ser deportada pero no considera que podría ser encarcelada por comprar y usar documentos falsos. Ese es un crimen federal que se penaliza con años de encarcelamiento. Es difícil saber cómo puede escribir la narración. Es posible que el estatuto de limitaciones ya haya pasado, pero la narración no describe este escenario completamente. Es un detalle que el/la lector/a tiene para decidir desde su propio punto de vista.

Evadir estereotipos

Julissa Arce no es la soñadora típica a la que se le hacía referencia durante las primeras etapas para pasar el DREAM Act. Como explica Nicholls, el grupo de soñadores tenía un perfil específico de perfección moral: "The undocumented youths are normal Americans (and not irreducibly foreign), the best and brightest (and not free-riding welfare cheats

59 "Al salir a comer, pasé a una caseta de baño, cerré la puerta y vomité. Usé todas mis energías solo para respirar."

60 "Aunque me reportaran y fuera deportada, tenía toda mi familia en México. Tenía mi licenciatura. Sobreviviría. Mi vida no terminaría."

or terrorizing gang members), and bear no fault for their immigration status (and not truly "illegal")" (53).[61] Las memorias de Arce muestran una mujer que conforma parcialmente a esta caracterización por ser educada, pero la escritora no hace reclamos de ser inocente ni perfecta en conducta. A diferencia de los soñadores, a los que se les decía ser casi estadounidenses, Arce nunca se separa de lo que significa México para ella con una familia extendida y tampoco declara ser estadounidense por crecer en Estados Unidos. Ella se describe cómo se ve entre sus dos culturas, "I am most tired of being seen as the 'other.' I am 100 percent Mexican and 100 percent American. I love being Mexican. My culture is amazing. I love being American. America is not a white Anglo-Saxon society anymore. In fact, it never really was" (*My* 286).[62]

Julissa Arce cuestiona por qué nadie descubre su estatus de indocumentada o su documentación falsa. Ella concluye que tenía que ser porque ella era una mujer educada:

> I tried to focus on the many reasons no one had ever questioned my papers before that day. I speak English well. I have good credentials. I went to college in the United States. It made sense that I had a green card because my parents had lived here for a long time, and I must have come here on a student visa and parents petitioned me in. I knew what to say if anyone questioned me. I knew enough about how the system worked to feel confident about anything except those

[61] "Los jóvenes indocumentados eran estadounidenses normales (no irreductiblemente extranjeros), los mejores y más inteligentes (y no se aprovechaban de la asistencia social ni eran pandilleros aterrorizantes), y no tienen ninguna culpa por su estatus inmigratorio (no verdaderamente 'ilegal'."

[62] "Estoy más cansada de ser vista como la 'otra'. Soy cien por ciento mexicana y cien por ciento estadounidense. Amo ser mexicana. Mi cultura me asombra. Amo ser estadounidense. América ya no es anglosajón blanco. De hecho, realmente nunca lo fue."

> actual physical documents that I'd been carrying since the latter half of my freshman year at UT (*My* 176).[63]

Ella entiende que al ser una mujer educada no conforma al estereotipo de una persona indocumentada. Arce incluso argumenta que cuestionar su estatus hubiera sido racista: "I also thought about the fact that anyone who questioned a Latina woman about her 'papers' in a high-class, highly educated environment like that wouldn't just seem racist, but be racist. Heck, if he or she were wrong, a person could sue for discrimination" (*My* 176)[64]. Si alguien le hubiera dicho algo sobre su documentación, era cierto que estos documentos eran falsos, pero ella no internaliza el hecho que no era legalmente estadounidense en un momento de su vida. Culturalmente, Arce se movía como estadounidense aunque no lo fuera legalmente, y por eso no encajaba en los estereotipos sobre los indocumentados.

En su caso, Arce sabe que los estereotipos funcionan a su favor, porque ella no entra dentro de lo esperado para una inmigrante indocumentada. Arce nunca dice directamente lo que es ese estereotipo, pero ella sabe que no es ser ejecutiva de una compañía tan grade y reconocida:

> Once again, I took advantage of the stereotypes of what people think about people who are in this country illegally. I was an associate at Goldman Sachs. There

---

[63] "Traté de enforcarme en las razones que nadie me había cuestionado mis papeles antes de ese día. Hablo inglés bien. Tengo buenas credenciales. Estudié la universidad en los Estados Unidos. Tenía sentido que tuviera mi residencia porque mis padres habían vivido aquí por mucho tiempo, y tendría que haber llegado con visa de estudiante y mis padres hicieron una petición para que entrara. Yo sabía qué decir si alguien me cuestionaba. Sabía lo suficiente de cómo funcionaba el sistema para sentirme confiada de cualquier cosa menos los documentos físicos que había cargado desde la segunda mitad de mi primer año en la Universidad de Texas.

[64] ("También pensé del hecho que alguien que cuestionara a una mujer latina sobre sus 'papeles' en una alta clase, en un ambiente muy educado como ese no solo parecería racista sería racista. Demonios, si él o ella estuviera equivocado/a, una persona podría demandar por discriminación."

> was no thought in anyone's head that I could possibly be in the same category as someone who paid to get smuggled into this country on the back of a truck, or someone who crossed the Rio Grande under the cover of darkness, or who came into this country through some tunnel. That couldn't possibly be *me*, in my expensive suit and nice silk scarves. (*My* 232).[65]

Arce invoca imágenes de algunos de los cruces más difíciles, situaciones a las que ella nunca tuvo que sobrevivir. Sus reacciones son clasistas, y ella lo sabe. En esa misma memoria, ella declara, "I am a recovering American elitist" (286).[66] Cuando ella contempla la posibilidad de ser deportada, ella sabe que tiene a su familia en México. Cuando Arce se muda a Austin para comenzar sus estudios, su madre regresa a México para vivir con sus familiares, ya que ella necesita el apoyo por razones médicas. No le tiene miedo a su país natal, sino que no quiere perder las oportunidades de trabajo.

Conclusiones

Al final de su memoria, Arce nos cuenta que se pudo legalizar por medio de su matrimonio. Ella escribe la narración de su vida después de haberse documentado y de haber dejado su trabajo en Goldman Sachs. Ella sale de su trabajo para embarcar en otra etapa de vida. Cuando escribe, su vida de indocumentada ya ha pasado. Nos cuenta que ella decidió escribir su historia después de conocer a José Antonio Vargas, el periodista indocumentado. Se sintió tan identificada que comenzó a trabajar por un tiempo con Define American, la organización que fundó Vargas

[65] Otra vez, yo me aproveché de los estereotipos de lo que la gente piensa de los que están en este país ilegalmente. Yo era una asociada en Goldman Sachs. Nadie pensaba en su cabeza que yo pudiera estar en la misma categoría de alguien que había pagado para llegar por contrabando a este país en la parte de atrás de una camioneta, o con alguien que había pasado el Río Grande en encubierto por la oscuridad, o que vino a este país por medio de túnel. Esa no podría ser yo, en mi traje caro y mis bufandas de seda.

[66] "Yo una elitista estadounidense recuperada."

para cambiar las narraciones sobre lo estadounidense. A pesar de sentir esta afinidad con el periodista, ella deja de trabajar en la organización.

Someone Like se enfoca en la época de vida antes de ir a la universidad. Arce anticipa que sus lectores para esta memoria serán jóvenes. Aunque el enfoque es diferente que *My (Underground) American Dream*, *Someone Like Me* termina con un breve resumen contándonos que se graduó de la Universidad de Texas en Austin y también menciona que compró sus documentos falsos para poder trabajar y mantenerse. En ambas obras, Arce documenta su compra de documentos falsos. Ella busca documentarse a muchos niveles y leemos los frutos de esa documentación. Las memorias dan voz a ese sentimiento de aislamiento de ser indocumentada pero también nos hace reflexionar sobre la falta de papeles y las limitaciones que eso implica. Ella se autodocumenta a varios niveles, ya que consigue un seguro social falso y después de su matrimonio cuando ya tiene su seguro social oficial. Nos cuenta su historia sobre lo que significa ser indocumentada y así documentando una época de su vida que fue secreta por el miedo de ser deportada. Esta historia la cuenta después de obtener su ciudadanía estadounidense e incluye su perspectiva de ya ser una mujer estadounidense.

Bibliografía

Abrego, Leisy y Genevieve Negrón-Gonzales. *We Are Not Dreamers: Undocumented Scholars Theorize Undocumented Life in the United States.* Duke University Press, 2020.

Arce, Julissa. *My (Underground) American Dream: My True Story as an Undocumented Immigrant Who Became a Wall Street Executive.* Center Street, 2016.

-----. *Someone Like Me: How One Undocumented Girl Fought for Her American Dream.* Little, Brown and Company, 2018.

Bishop, Sarah C. *Undocumented Storytellers: Narrating the Immigrant Rights Movement.* Oxford University Press, 2019.

Caminero-Santangelo, Marta. "DREAMers: Youth and Migration: American DREAMers and Mexico." *Modern Mexican Culture: Critical Foundations.* Ed. Stuart Day. The University of Arizona Press, 2017. 25-45.

Gonzales, Roberto G. *Lives in Limbo: Undocumented and Coming of Age in America.* University of California Press, 2016.

Gonzales, Roberto G., Luisa Laura Heredia, and Genevieve Negrón-Gonzales. "Challenging the Transition to New Illegalities: Undocumented Young Adults and the Shifting Boundaries of Inclusion." *Constructing Immigrant "Illegality": Critiques, Experiences, and Responses.* Eds. Cecilia Menjívar and Daniel Kanstroom. Cambridge University Press, 2014. 161-1680.

Nicholls, Walter. *The DREAMers: How the Undocumented Youth Movement Transformed the Immigrant Rights Debate.* Stanford University Press, 2013.

Vargas, Jose Antonio. *Dear America: Notes of an Undocumented Citizen.* HarperCollins, 2018.

III

Paradigmas, transmedia, hibridez texto-imagen y lenguaje digital

Los sefardíes y los conversos: dos caras de la misma moneda

Tugba Sevin
Southwestern Oklahoma State University

Resumen

Américo Castro afirma que España está constituida de "una convivencia y un desgarro de tres clases, de tres castas de gentes cristianos, moros, judíos" (13). Esta realidad histórica y sociocultural se refleja en el contenido y en los personajes de muchas obras de la literatura española, como *Don Quijote* y *La Celestina* (De la edad 13). En 1492, este retrato se convirtió en un pasado histórico de España cuando los Reyes Católicos decidieron unificar los territorios españoles bajo la religión católica y expulsar a todos los judíos que se negaron a convertirse al catolicismo de la Península. Esta expulsión no resolvió el 'problema' judío que existía en la Península durante siglos, sino que la situación social se complicó. Los judíos que emigraron a otros países, llamados sefardíes, y los que se quedaron en la Península convirtiéndose en cristianismo, los conversos, reflejaron dos mundos diferentes pero unidos por el sufrimiento diaspórico y por su amor de España. Este capítulo se enfoca en demostrar dos caras de la diáspora sefardita. La primera parte del capítulo estudia la percepción de los sefardíes en sus nuevos países en la diáspora. La segunda parte del capítulo analiza la percepción de los conversos por la sociedad española, su representación en los textos literarios escritos por los autores españoles y la reacción de los autores conversos a esta percepción en sus obras literarias.

Abstract

Américo Castro affirms that Spain is made up of "una convivencia y un desgarro de tres clases, de tres castas de gentes cristianos, moros, judíos" (13). This historical and socio-cultural reality is reflected in the content and characters of many works of Spanish literature, such as *Don Quixote* and *La Celestina* (from age 13). In 1492, this portrait became a historical past of Spain when the Catholic Monarchs decided to unify the Spanish territories under the Catholic religion and expel from Spain all the Jews who refused to convert to Catholicism. This expulsion did not solve the Jewish 'problem' that existed in the Peninsula for centuries, but rather the social situation became more complicated. The Jews who emigrated to other countries, called Sephardim, and those who stayed on the Peninsula converting to Christianity, the Converts, reflected two different worlds but united by diasporic suffering and by their love of Spain. This chapter focuses on showing two faces of the Sephardic diaspora. The first part studies the perception of the Sephardim in their new countries in the Diaspora. The second part of the chapter analyzes the perception of the conversos by the Spanish society, the reflection of this perception in the literary works written by Spanish authors and the reaction and concerns of the converso authors.

Américo Castro afirma que España está constituida de "una convivencia y un desgarro de tres clases, de tres castas de gentes cristianos, moros, judíos" (13). Esta realidad histórica y sociocultural se refleja en el contenido y en los personajes de muchas obras de la literatura española, como *Don Quijote* y *La Celestina* (*De la edad* 13). En 1492, este retrato se convirtió en un pasado histórico de España cuando los Reyes Católicos decidieron unificar los territorios españoles bajo la religión católica y expulsar a todos los judíos que se negaron a convertirse al catolicismo. Esta expulsión no resolvió el 'problema' judío que existía en la Península durante siglos, sino que la situación social se complicó. Los judíos que emigraron a otros países, llamados sefardíes, y los que se quedaron en la Península convirtiéndose en cristianismo, los conversos, reflejaron dos mundos diferentes pero unidos por el sufrimiento diaspórico y por su amor de España.

Estos dos mundos fueron reflejados solo en los textos literarios. En España, los autores españoles y los conversos escribieron obras en las cuales emplearon temas importantes como la pureza de sangre, las diferencias de clases sociales etc. Los autores conversos se destacaron de los autores cristianos por muchos obstáculos que tuvieron en expresar sus opiniones o las preocupaciones de sus comunidades, porque después del exilio de los judíos, ellos tenían que vivir una vida en una sociedad que se convirtió monolítico después de siglos de pluralismo. Por otra parte, los sefardíes, aunque dejaron en España todo su pasado, en exilio trataron de establecer nuevas vidas y pudieron conservar su identidad.

El objetivo de este ensayo es demostrar dos caras de la diáspora sefardita. Después de un corto recorrido histórico, literario y cultural que demuestra los motivos y las consecuencias de la decisión de la expulsión de los judíos de España, la primera cara de la diáspora sefardita estudia la percepción de los sefardíes en sus nuevos países en la diáspora y su contribución en los campos culturales y literarios. La segunda cara, por otro lado, demuestra la percepción de los judeoconversos en la sociedad española gracias a un análisis de varios textos literarios de autores españoles. Aunque fuera muy difícil y peligroso, los judeoconversos que sufrieron las consecuencias de las acusaciones falsas y percepciones negativas trataron de expresar sus inquietudes simbólicamente a través del poder de las palabras en los textos escritos por los autores conversos.

El 1492 fue el año que cambio el destino de los judíos que vivían en la península ibérica. El establecimiento de la Inquisición en 1472 afectó mucho la vida de todos los españoles. Aunque el deber de la Inquisición fue la persecución de los judaizantes y de cripto judíos, todo el pueblo estaba preocupado porque los rumores y las actitudes sospechosas estaban considerados por la Inquisición y muchos de éstos terminaron en castigos. El 31 de marzo de 1492, los Reyes Católicos firmaron el edicto dando solo cuatro meses para que los judíos salgan del país. La expulsión empezó desde Castilla y Aragón, especialmente de Toledo y luego continuó en otros reinos españoles como Navarra en 1498 (Vance 55). Toledo fue el centro de la cultura y era muy importante por los judíos porque era la capital de la comunidad judía. Durante la Edad Media, las tres culturas y religiones que vivían en Toledo coexistieron en armonía, por eso este período fue considerado el "Siglo de Oro" de la convivencia. La comunidad judía vivía en barrios llamados "juderías" donde solían tener sinagogas, escuelas y otros establecimientos religiosos y culturales (Bobes 17). La judería más importante era la 'Gran judería' donde existía el centro de educación rabínica y *La escuela de Traductores* de Toledo donde los judíos traducían al español y latín las obras filosóficas, científicas escritas en árabe o en hebreo.

En 1492, los hebreos españoles se separaron para siempre: los sefarditas empezaron otra diáspora y los conversos se quedaron en Castilla sacrificando todo para no dejar atrás su pasado. Las naves que esperaban a los judíos en las costas de Sefarad los llevaron a otros países, como nos informan los cronistas Solomoh Ibn Verga y Capsali, y los sefarditas siguieron varias rutas para encontrar su nueva patria. La ruta preferida por los exiliados fue la del Mediterráneo. Los países por los que viajaron los sefarditas fueron: Portugal, países por el Mediterráneo y norte de África y todos los países bajo el dominio del Imperio Otomano (los Balcanes, la costa adriática, Bosnia, Macedonia, Bulgaria, Grecia, Tracias y Asia Menor). Los que fueron a Portugal, por su cercanía geográfica, pensaron seguir conservando su identidad y religión. Pero en 1497, Portugal empezó a forzar a los judíos españoles a la conversión y no les dio la posibilidad de elegir entre exilio y conversión. Sólo cinco años después del exilio de España, los judíos españoles tuvieron que vivir otra persecución en Portugal. Otro grupo de judíos expulsados fueron a Italia. Primero fueron recibidos como en otros países, pero pronto empezaron malos tratos también aquí. Otro grupo de judíos próximo a la expulsión, lograron viajar al Nuevo Mundo escondiéndose de las autoridades con cambiando sus nombres. Tenían un objetivo; establecerse en las Indias y empezar una nueva vida. Pero Los Reyes ordenaron el establecimiento de la Inquisición también en las Indias; por eso, una vez más los judíos no pudieron escapar de las persecuciones. Otro grupo de judíos expulsados decidieron pasar el estrecho y establecerse en los países del Norte África como Túnez, Marruecos, Fez y Argelia, porque España y Magreb siempre tuvieron relaciones durante la historia. Aquí los sefarditas formaron comunidades especiales "judeoarábiga sefardizada" pero la inestabilidad de los múltiples reinos norteafricanos y las continuas guerras entre ellos, destruyeron la atmósfera pacífica (Rodrigue y Benbassa 72). Entre todos los destinos de la Diáspora sefardí, las ciudades del Imperio Otomano como Salónica (en actual Grecia) y Estambul (Turquía) fueron las más preferidas. La mayoría de los judíos expulsados fueron directamente al Imperio Otomano porque era el primer país que había invitado oficialmente a los judíos expulsados. El historiador y rabino Eliah Capsali describe en su obra *Sefer Eliyahu Zuta* la invitación y la llegada de los sefarditas al Imperio Otomano:

> Cuando [sultán] Bayaceto (Beyazit II) se hubo enterado de todo el prejuicio que el rey de España había

> causado a los judíos y que éstos buscaban un lugar donde refugiarse, tuvo piedad de ellos y envió heraldos por todo su reino proclamando la prohibición total de perseguir o expulsar a los judíos, acogiéndolos antes bien con benevolencia. Los que maltratasen a los emigrados o les produjesen el menor daño incurrirían en la pena de muerte. (Bueno 318)

El sultán Beyazit II se conoce también por la siguiente famosa frase: "llamáis a Fernando un monarca sesudo… pero empobreció su imperio para enriquecer el mío" (cit. en José M Estrugo 23). Las ciudades que recibieron más sefarditas fueron Salónica, Estambul, Edirne y Esmirna. Salónica fue la ciudad con una de las comunidades judías más grandes del siglo XV porque fue el primer destino de los judíos expulsados. Esta ciudad era conocida como Madre de Israel, debido a su tolerancia a las comunidades sefardíes. Esta ciudad también es importante por ser la ciudad donde, a principios de los años 1580, judíos sefarditas crearon la primera imprenta, y donde el primer periódico sefardí, El Lunar, fue publicado en 1865. Más tarde, entre los años 1912 y 1939, Salónica fue conocida como un centro cultural y religioso para los judíos sefarditas. En Grecia, con la llegada masiva de población sefardita, se establecieron comunidades con nombres de sus ciudades de origen en España. Isaac Alcheh y Saporta afirma lo siguiente acerca de este acontecimiento:

> Cuando los expulsos de España llegaron a esta ciudad fundaron distintas comunidades, siguiendo, para su designación, el deseo de perpetuar en ellas el nombre de las provincias que ellos habían habitado en su abandonada Patria. Cada una de estas pequeñas comunidades, fundidas al presente en una sola de 80.000 almas, tenía su Sinagoga. Actualmente se conservan todas esas Sinagogas. (…) Y hay otros casos en los cuales recuerdan igualmente los nombres patronímicos, la ciudad o

> aldea que habitaron o los ríos, riberas, prados o montañas de las mismas regiones, como los apellidos Cuenca, Beja, Carmona, Toledo, Toledano, Soria, Vélez, Matarasso, Navarro, Cordovero, Montillas, Aguilar, etc., etc. (30)

Los judíos sefarditas en las comunidades que establecieron compartieron sus memorias, su religión y sus tradiciones que llevaron consigo. Con sus habilidades únicas enriquecieron la cultura nativa de sus nuevos lugares de residencia, porque como señala Stuart Hall "Identity as a 'production' (…) is never complete, always in process, and always constituted within representation" (222). Las tradiciones del patrimonio judío que floreció en España y formó la base de la cultura española siguió creciendo y prosperando en diferentes formas en las tierras griegas y turcas donde fueron recibidos con mucho entusiasmo. Los sefarditas se comunicaron en el castellano que llevaron consigo, mezclándolo con el tiempo con palabras griegas y turcas, tuvieron oficios importantes, contribuyeron en la vida sociocultural y económica y continuaron siendo parte del mosaico cultural griego y turco hasta finales del XIX. En muchos aspectos, esta convivencia sirve de espejo al Toledo del siglo XII. Como en Toledo, también en las grandes ciudades de Grecia y en Estambul, la mayoría de los sefardíes, gracias a su habilidad en las ciencias, la administración y la creación literaria, ocupó cargos muy importantes.

Uno de los intelectuales famosos en Salónica fue Moses ben Baruh Almosnino, el rabino y escritor cuyos padres fueron exiliados de España. Él es muy famoso con su obra titulada *Crónica de los reyes otomanos* (1567) que narra los detalles del sistema gubernamental turco, las características extremas de Estambul y las relaciones pacíficas entre la comunidad judía de Salónica y los sultanes turcos Selim y Suleyman el magnífico. Esta obra por una parte demuestra la identidad sefardí del escritor siendo el portavoz de su comunidad y, por otra parte, sigue la tradición literaria española inspirándose de la obra atribuida a Cristóbal de Villalón, *El viaje de Turquía* (1557-1558). Moses ben Baruch Almosnino se considera como uno de los escritores más importantes de la literatura sefardita. Pilar Romeu Ferré menciona que Almosnino era "griego/turco por nacimien-to, pero judío sefardí de corazón" (4). Hacia la mitad del siglo XVI tuvo el deber de ejercer de rabino en la comunidad en Salónica. En el año 1533 tuvo la misma función en la comunidad Nevé Shalom y en 1560 en la comunidad portuguesa creada por la familia Méndez Nasí, que tenía mucha influencia política y social en la corte otomana y en las comunidades sefarditas. Almosnino se dedicaba a recibir y a ayudar a los inmigrantes en su integración en la vida judía en Salónica. La producción literaria de Almosnino es el mejor ejemplo que demuestra la voz de los judíos sefarditas en su nueva patria, muy lejos de la tierra de origen de sus antepasados. Almosnino escribió siete obras en ladino de las cuales se conocen sólo cinco. Se piensa que las otras dos desaparecidas eran sobre sus sermones. Las cinco obras son: *El tratado del astrolabyo* (1560), *El rejimyento de la vida* (1564), *El tratado de los suenyos* (1564), *Crónica de los reyes otomanos* (1567), y *El kanon del reloh de plata* (1570).

El regimiento de la vida es una obra aljamiada y fue publicada en Salónica en 1564. Es una obra de filosofía moral, en la cual Almosnino se enfoca en describir "la correcta conducta que debe observar el hombre en todos los momentos de su vida" (Romeu Ferré 9). Esta obra se basa en las filosofías y opiniones de las autoridades como las de Aristóteles en su obra *Ethics*, en *Canon* de Ibn Sina, en Maimónides y en al-Ghazzali. En el "Prólogo particular a su sobrino" Almosnino menciona que la virtud perfecta es estar al puro servicio del Dio y escribe: "el fin verdadero dela kreasyon del' ombre por respekto del kual todos los otros fines son es la obra dela virtud i todos los otros fines son kamino para elyya i para la perfekta ke'es el puro serbisyo del Dyyo glory'ozo." (88). Estos dos prólogos me recuerdan el prólogo del *Libro de buen amor* escrito por Juan Ruiz Arcipreste de Hita en el siglo XIV. El Arcipreste de Hita también en su libro separa el "amor loco," que es amor carnal, del "amor bueno" que es el amor divino y afirma que:

> [L]oco amor (...) faze perder las almas e caer en saña de Dios, apocando la vida e dando mala fama e deshonra e muchos daños a los cuerpos" (10), por eso él aconseja que "toda buena obra es comienco e fundamento de Dios. (...) [L]as buenas obras siempre están en la buena memoria, que con buen entendimiento e buena voluntad escoge el alma e ama el amor de Dios por se salvar por ellas. (60)

Esta semejanza demuestra que Almosnino supo la tradición literaria española y la siguió en sus obras. Almosnino tuvo el interés de ayudar a los miembros de las comunidades provenientes de España y de Portugal, por eso, en sus obras empleó el ladino que era también la lengua cotidiana hablada, y usó temas o estilos parecidos a los de la literatura peninsular. Su propósito de ayudar a los ex-conversos fue útil también a los estudiantes judíos que podían leer el hebreo con facilidad, pero se habían alejado del conocimiento del español. Así, Almosnino con sus obras unificó a los sefardíes con la tradición lingüística y literaria española, y al mismo tiempo, les reflejó el mundo que les rodeaba en el Imperio Otomano (en este contexto se refiere a Grecia y Estambul). Almosnino, como otros sefardíes en Salónica, estaba en contacto con sus correligionarios en Europa, especialmente con los de Italia. Por ejemplo, Leone Ebreo, escritor de la famosa obra *Dialoghi d'amore,* era uno de los judíos expulsados de Portugal y vivía en Italia. Su obra tuvo influencia de la filosofía española medieval. Salónica era una ciudad tan importante para los judíos expulsados que fue el lugar de la producción de la versión española de *Dialoghi* en 1568. Esta obra fue traducida al español por Gedaliah Ben tam ibn Yahya.

La *Crónica de los reyes otomanos* es otra obra muy famosa de Almosnino la cual se basa en su viaje a la corte otomana en Constantinopla (Estambul) en el verano de 1566. Él fue enviado a la corte por su comunidad en Salónica para negociar con el sultán las medidas económicas y cuestiones de tasa para su comunidad (5). Muchos datos históricos importantes se encuentran en esta obra. En este texto, Almosnino demuestra que los sefarditas jugaban un papel importante y eran parte del sistema social y gubernamental otomano. El tono del autor sefardí al referirse a los sultanes otomanos y a la vida en la corte es muy sincero y natural. El lector no puede descifrar el origen del escritor, si no lee la sección en que Almosnino habla de las negociaciones que hizo con la corte otomana, siendo él el portavoz de los sefarditas. Esta obra se divide en libros que serían capítulos extensos. La división de los capítulos del texto es:

> *Libro 1*:
> Crónica de la muerte de Solimán I y la subida al trono de Selim II
> *Libro II*:
> Crónica del gobierno de Solimán I
> *Libro III*:
> Extremos y grandezas de Constantinopla (con una introducción)
> *Libro IV*:
> Las negociaciones de la delegación de Salónica ante la corte de Solimán

El *Libro I* narra los acontecimientos del tiempo que pasó entre la muerte del sultán Solimán I y la subida al trono de su hijo, Selim II. Es una crónica descriptiva y colorida, aunque se enfoca en uno de los acontecimientos más trágicos de la historia turca. Almosnino observó el cortejo del funeral de Solimán. Las clarificaciones que hace Almosnino a lo largo de la crónica demuestran la autenticidad de la obra y también la diferencia de otras crónicas que fueron escritas a base de las cartas o documentos históricos porque Almosnino narra siendo testigo en persona. Almosnino ofreciendo estas descripciones animadas, hace notar al lector el inmenso respeto y amor que toda la gente tenía hacia el nuevo sultán. Entre toda esta gente "infinita" existían también los judíos que como los griegos y francos [que eran] habitantes de Constadina, Almosnino sabe en detalles de los oficios de cada miembro. Estos detalles demuestran que Almosnino no solo estaba presente en todos estos eventos, sino que también conocía muy bien el sistema del imperio porque además de ser un miembro del imperio era también una persona importante en su comunidad e intermediador entre su comunidad sefardí y la corte. A finales del *Libro I*, Almosnino habla de un judío con mucha influencia en la corte otomana por ser muy amigo del sultán Selim; el señor don Yosef Nasi. Siendo un judío de origen hispanoportugués, Nasi fue uno de los miembros de la comunidad judía que había servido al sultán con fidelidad. A él fue dado el título de "el ducado de Naxia con todas las otras islas [como] Antiparese y Milo y Santorino y otras islas anejas a éstas que son pobladas y otras despobladas que están también a su orden para hacer en ellas lo que le plugiere como cosa suya" (101).

El *Libro II* se titula "Crónica del gobierno de Suleimán," y se enfoca en acontecimientos históricos sucedidos durante el reinado del sultán Solimán el Magnífico. Otro momento histórico que Almosnino conecta con su comunidad sefardí es el intento de Solimán de conquistar Corfú:

> porque en este viaje [Solimán] pasó por nuestra noble ciudad de Saloniqui, que por el último así es llamada y antiquísimamente era llamada *Tesalónica.* (...) [Y] como entró en la civdad hizo gracias y mercedes a todos los habitantes en ella y dio privilejos y libertades; los cuales por haberse quemado en un muy encendido fuego que en ella hubo en el año de cinco mil y trecientos y cinco (1545) a la creación del mundo, no fueron observados dichas libertades por sus ministros. (115-16)

Los visires, que eran las personas más importantes en la corte después del sultán, tenían mucha influencia en la administración del gobierno. Cada visir trabajó con un sultán directamente y tuvo muchos poderes casi parecidos a los poderes de un sultán otomano. Uno de los visires inolvidables de la historia otomana era el visir del sultán Solimán, Ibrahim Pacha quien había nacido en Grecia, pero vino a Estambul como soldado y después se convirtió en mejor amigo del sultán y también en visir de la corte con los inmensos privilegios que le otorgó el sultán Solimán. Almosnino en las últimas páginas del *Libro II* narra la grandeza de Solimán; se siente orgulloso de haberlo conocido y haber vivido en su época. Almosnino recuerda también los cambios positivos que hubo durante el reinado de Solimán, y la nueva ola de inmigración de los conversos de Portugal a las tierras otomanas.

El *Libro III* de *Crónica de los reyes otomanos*, llamado "Extremos y grandezas de Constantinopla," es una narración descriptiva de la ciudad de Constantinopla. El *Libro III* es el único libro de la obra que no narra sucesos históricos y se puede considerar un relato sociológico, porque es un "relato costumbrista y colorista de la Constantinopla de mediados del siglo XVI" (Romeu Ferré, *Introduction* 33). Esta obra se considera una obra en el canon de las crónicas de viajes y no se puede negar su semejanza estructural y temática con *El viaje de Turquía* atribuida a Cristóbal de Villalón. Tiene algunas semejanzas también con *Silva de varia lección* de Pedro Mejía (1540). Por ejemplo, el capítulo XII de la *Silva de varia lección* tiene el título muy parecido al Libro III de la *Crónica de los reyes otomanos* de Almosnino. Pedro Mejía lo llama "De la muy antigua y famosísima ciudad de Constantinopla; de su fundación y principio; de sus grandes sucesos, prósperos y adversos, y en qué tiempo y cómo fue conquistada por los turcos que hoy la poseen" (70). Por otro lado, Almosnino lo titula "Extremos y grandezas de Constantinopla." La obra de Mejía es más histórica que la de Almosnino, La obra empieza con la muerte y el funeral de Solimán I y la subida al trono el hijo de Solimán, Selim II, la obra se enfoca en los tiempos del sultán Solimán I como la obra de Mejía.

En el *Libro III*, el autor se enfoca en veintiséis aspectos que él los llama extremos de la ciudad; éstos son los siguientes: el tiempo, la lluvia, la sanidad, los mantenimientos, los precios altos, los precios baratos, el pescado, los vinos, las condiciones de los hombres, la conversación, el regalo, los pasatiempos, cuándo se bebe vino y cuándo no, las horas de comer, las mercaderías, los mercaderes de joyas, los estados de los hombres, las amistades y enemistades, el judaísmo, las oraciones, las limosnas, las casas de Constantinopla, la moneda, los negociadores, las mujeres, las criaturas. Almosnino se enfoca en el mercado de las joyas porque se sabe que casi todas las joyerías eran de judíos otomanos. Él se enfoca también en los externos del judaísmo. Según él, hay judíos malos en diferentes niveles sociales. Ser una buena persona en su opinión es tener una personalidad positiva y virtuosa (223). En esta parte hace una crítica de los judíos. Almosnino no está de acuerdo con dar una explicación a la actitud mala de sus correligionarios. En su crítica, él es muy directo y no trata de salvar a nadie, aunque sea su gente. Al final del *Libro III*, Almosnino explica la razón por la mención de veintiséis extremos: "otros muchos estremos hay, que dejo de relatar por no pasar el número de veinte y seis, que es el nombre de Dios piados, que denota su esencia y misericordia y piedad infinita" (231).

El *Libro IV* titulado "Las negociaciones de la delegación de Salónica ante la corte de Solimán I y Selim II" se enfoca en siete negociaciones que ocurrieron entre la corte otomana y la comunidad sefardita de Salónica encabezada por Almosnino. Las negociaciones eran sobre la extensión de las tasas impuestas a la comunidad sefardita en su producción de los uniformes para los jenízaros. Durante una de sus visitas a Salónica, el sultán Solimán había dado este deber a la comunidad judía porque sabía que "los judíos eran los más importantes comerciantes de la industria de textil en el Imperio Otomano" (Cano Pérez 377). Almosnino describe cómo funcionaba todo el proceso de la producción de la ropa:

> que unos daban las lanas y unos las apartaban y otros la teñían y otros carduzaban y otros la cardaban y las mujeres la filaban, y así tejían otros los paños y otros los batanaban y otros lo perchaban y otros los tundían; de manera que todos si quedar uno e toda la civdad eran participantes en ello; y que más fuesen, mas presto se haría la ropa. (245-46)

Almosnino en el *Libro IV* nos ofrece un panorama del sistema burocrático en la corte otomana y nos describe todos los niveles de una negociación.

En la crónica que se forma de cuatro *Libros*, Almosnino escribió sobre Estambul y la corte otomana porque él sintió el deber de transmitir a las generaciones presentes y futuras de los sefardíes la realidad en que ellos estaban viviendo. Observó la ciudad en sus detalles, dió explicaciones a cada fenómeno que consideró extremo, asistió a las reuniones en la corte, describió la burocracia otomana. Es muy probable que Almosnino siguió la tradición literaria española de su tiempo. La obra de Almosnino es una crónica de viajes como *El viaje de Turquía* la cual fue atribuida al escritor Cristóbal de Villalón y es también una crónica de viajes porque era el género más popular en el siglo XVI y XVII. La obra es una novela de aventuras y el protagonista Pedro de Urdemalas, en un diálogo con Matálas Callando y Juan de Voto a Dios, narra todo lo que le pasó durante su estancia en Estambul cuando era un cautivo. En *El viaje de Turquía* Pedro es una persona que narra lo que ve y dice lo que piensa.

El diálogo entre los tres amigos empieza en España cuando Pedro los encuentra peregrinando en el camino de Santiago y empieza a narrar su historia. Menciona que él fue capturado por los turcos durante su viaje y fue llevado a Estambul. Allí se entera de que, si un cautivo tenía una profesión, recibía un tratamiento mejor; entonces dice que es médico y empieza a aprender sobre la profesión gracias a sus observaciones y un libro de medicina que encuentra por casualidad. Su fama como médico y el uso de las hierbas se expande por Turquía y gracias a su conocimiento del turco, se convirtió en el médico personal de Sinan Pacha, un personaje muy poderoso en la corte otomana. Le cura su asma y además cura a la sultana. Pero nunca pudo resistir la influencia de los judíos como médicos de la corte y salió del país yendo primero a Italia y luego a España. La obra se divide en dos partes, en la primera parte Pedro narra sus aventuras y su vida como un cautivo privilegiado en Turquía y la segunda parte se dedica a la descripción de las costumbres y tradiciones de los turcos.

El viaje de Turquía, aunque está escrito en un estilo de diálogo entre tres personas, tiene muchas semejanzas con la crónica de Almosnino. Se nota que el escritor de *El viaje*, en este caso Cristóbal de Villalón, y Almosnino fueron testigos de todos los aspectos de la vida turca y de la corte otomana. En sus narraciones usan mucho vocabulario en turco de la época y los dos señalan detalles sobre las costumbres o lugares turcos que uno que nunca visitó el país no puede imaginar. El lenguaje de las dos obras se diferencia porque *El viaje de Turquía* está escrito en un español antiguo, por otro lado, Almosnino usa el ladino en su escritura en la cual se notan palabras españolas muy antiguas o nuevas palabras derivadas de la combinación del turco y el español. Aunque Almosnino estaba muy lejos de España tuvo su contacto vivo con los conversos españoles y así siguió la tradición literaria española; la semejanza de la crónica de Almosnino y *El viaje de Turquía* es un buen ejemplo de este legado sentimental y literario. *Las crónicas* de Almosnino es un ejemplo brillante de la literatura sefardita y les demuestra a todos los lectores de la lengua castellana la unanimidad de los sefardíes estén donde estén. La versión española de la obra fue producida por Jacobo Cansino y fue publicada en Madrid en 1638. La edición crítica que tenemos hoy en día es de Pilar Romeu Ferré, y fue publicada en 1908 en Madrid.

Por otro lado, los judíos que decidieron quedarse en España para no dejar atrás sus pasados, casas y memorias, en 1492 con el edicto de expulsión tuvieron que convertirse, pero, aunque se convirtieron siguieron siendo el blanco de la Inquisición. Los Reyes Católicos, aunque en el edicto de expulsión habían prometido que los judíos que acepten la conversión iban a tener una vida igual a la de los cristianos, con toda la prosperidad y armonía, estas promesas no fueron cumplidas. Por ejemplo, el famoso historiador judío Eliah Capsali en su obra *Seder Eliyahu Zuta* (1523) escribió:

Los correos salieron presurosos por el orden del rey y de la reina, y el edicto fue entregado en todo Sefarad; y el pregonero gritó con fuerza: "¡A vosotros, pueblos, familias todas de Israel si transgredís la religión judía, os prosternáis y amesadoráis la estatua de oro, lo mejor de la tierra comeréis, os asentaréis en el país y en el comerciaréis, permaneceréis cada uno bajo su parra y su higuera. (...) [E]l aroma del fuego no caerá sobre vosotros(182).

Los judeoconversos ahora con el peso moral de sacrificar su religión tuvieron vidas peores que las de antes de la expulsión. En varios ejemplos literarios es posible analizar cómo los conversos fueron vistos por la sociedad española. Las obras principales que demuestran el estereotípico judío son las comedias *Las paces de los reyes y judía de Toledo* y *El niño inocente de la Guardia* de Lope de Vega. En *Las paces*, Raquel, la protagonista judía, se retrata como un chivo expiatorio, la representante del pueblo judío, también se contrasta al mismo tiempo con su belleza idealizada. En *El niño inocente*, por otro lado, se representa a los judíos como personas que tienen todas las características estereotipadas antisemitas. El análisis cuidadoso de estos textos apoyado por otras obras literarias, como *El libro de Alborayque* (anónimo), *El retablo de las maravillas* de Miguel de Cervantes e *Historia de la vida del Buscón* de Francisco de Quevedo, ofrece un panorama del converso como un "otro" estereotipado en todos los sentidos: cultural, religioso y social. Como sugiere Edward H. Friedman, "investigation into Golden Age drama can combine close textual readings with a consideration of cultural and sociopolitical contexts" ("The Culture of the *Comedia*" 189).

En este periodo, las comedias que tratan al converso casi siempre ofrecen un vistazo a la realidad problemática a través de los conflictos de la sangre pura e impura o el honor y la riqueza. A pesar de las informaciones acerca de la posición cercana de Lope a los conversos, con una lectura cuidadosa de *Las paces de los reyes y judía de Toledo* y de *El niño inocente de la Guardia,* es posible notar que el dramaturgo siempre afirma los valores fundamentales de la sociedad, además los menciona en *El arte nuevo de hacer comedias*, donde defiende un teatro designado al placer del vulgo. Aunque Marcelino Menéndez Pelayo pensó que Lope era un anti-judío (Herskovits *The Positive Image,* 159), algunas obras de Lope son testimonios de su capacidad de satisfacer las demandas antijudías de su audiencia, porque

Lope era el creador del teatro comercial y tenía que "vender" sus obras a sus clientes que eran los miembros del público teatral.

Casi toda la sociedad española los odiaba, y los categorizaba a los judeoconversos porque pensaba que éstos se convirtieron sólo para poder proteger su riqueza y fuerza, y al mismo tiempo para poder obtener los trabajos de los cristianos viejos (Herskovits 55). La percepción de los conversos como judíos falsos estaba redactada también en el *Libro verde* "a best-seller from the fifteenth to the eighteenth centuries, which listed the noble families that had Jewish blood" (Herskovits 55) y mencionaba que un judío se podía definir por sus antecedentes.

El mensaje o la base fundamental de muchas obras del Siglo de Oro reflejan el sentimiento común español, que es la obsesión por la pureza de sangre. Por ejemplo, Cervantes en su famosa obra *El retablo de las maravillas* usa la farsa para poner "al descubierto, con fina y aguda ironía, el sinnúmero de posiciones ambiguas que produjo el temor a la impureza de la sangre" (Andrés-Suárez 10). En este entremés, Cervantes utilizó el recurso "el teatro dentro del teatro" y juegos de palabras para crear una visión falsa con el fin de dramatizar y llamar la atención sobre el delicado problema social de la obsesión por la limpieza de sangre. En este entremés, lo más importante es hacer conexión de la honra con ser bastardo y el no tener la sangre pura con ser judío (Herskovits, *The Positive Image* 103):

> Que ninguno puede ver las cosas que en él se muestran, que tenga alguna raza de confeso o no sea habido y procreado de sus padres de legítimo matrimonio; y el que fuere contagiado de estas dos tan usadas enfermedades despídase de ver las cosas [...] de mi retablo. (3)

En este entremés, Cervantes quiere demostrar y satirizar la imagen del judío percibida por la sociedad española del Siglo de Oro, porque cuando el furriel revela la verdad señalando la falsedad de la farsa teatral, los aldeanos lo atacan. Según Herskovits, los aldeanos "represent the

Golden-Age society, that they could be seen by their actions to be a transportation of the Inquisition, as they persecute the furrier" (*The Positive Image* 188).

La vida de Lazarillo de Tormes y de sus fortunas y adversidades, la novela picaresca anónima y *El Buscón*, escrita por Quevedo, son obras que por un lado reflejan la sensibilidad de la sociedad española, sobre todo lo relacionado con los judíos conversos, y, por otro lado, son pruebas del conflicto que existía entre los cristianos nuevos y los cristianos viejos. Por ejemplo, el escritor anónimo empleó un lenguaje muy sencillo con el cual Lázaro se expresa en la obra. Pero, aun así, en la novela se emplean metáforas o palabras con doble sentido para expresar las opiniones críticas del pícaro. Un ejemplo claro es el uso constante de la palabra "limpio" o del verbo "limpiar" a lo largo de la novela, lo cual sugiere que se hace énfasis en la sangre impura (sucia) de Lázaro porque, como muchos pícaros, él también es de origen judío.

Cuando los personajes judíos o conversos aparecen en los textos literarios en la literatura del Siglo de Oro, aparecen satirizados o se nota un acercamiento antisemita que depende mucho de la lectura del lector atento. Rafael González Cañal afirma que en la poesía española es posible analizar "un reflejo del sentimiento antijudío … en la década de los treinta del siglo XVII" (101). Uno de estos escritores es Lope de Vega, aunque Lope tenía sus buenas relaciones intelectuales y personales con los conversos de origen judío, no hay que olvidar que él estaba familiarizado con el Santo Oficio. En otras obras de Lope como *El Brasil restituido*, en la cual se hace alusión a la colaboración desleal de los judíos con los holandeses, y *El niño inocente de la Guardia*, que tiene pasajes sobre la justificación de la expulsión de los judíos, se nota el antisemitismo (107).

En *El niño inocente de la Guardia*, Lope de Vega emplea unos versos que aconsejan el destierro de los judíos de España y demuestra que apoyaba la decisión de los Reyes Católicos. Subraya también la importancia de la sangre limpia; y, de esta manera, refleja su antisemitismo: "Que destierres los judíos / eternamente de España. / Haced un edicto luego / que en breve término salgan, / porque limpieza quede / libre de su ciega infamia" (168-74; 55). Como resultado, vemos personajes judíos literarios que son hechiceros, como Celestina, la madre de Pablos en el *Buscón* y Raquel en la comedia *Las paces de los reyes y judía de Toledo* escrita por Lope de Vega.

Las paces de los reyes y judía de Toledo es la reescritura de una leyenda que narra el amor del rey Alfonso VIII por la bella judía llamada Fermosa. En la versión de Lope, la judía se llama Raquel, y el rey Alfonso VIII se enamora de ella a primera vista mientras ésta se bañaba en el río Tajo. El rey vive con Raquel siete años, rechazando a su familia y a su reino y causando la derrota de Castilla a manos de los moros en Alarcos en 1195. Por orden de la reina Leonor, los nobles de Castilla asesinan a la judía. Alfonso promete vengarse, pero aparece ante él un ángel que le hace convertirse otra vez en buen marido, padre y rey, recibiendo el galardón de Dios con la victoria sobre los moros en la batalla de las Navas de Tolosa en 1212.

La protagonista de la obra es una judía y el marco escénico de la trama es Toledo, ciudad conocida en el siglo XII por su vasta comunidad judía. Por eso, es posible que todos los símbolos antisemitas se atribuyen a la protagonista Raquel quien representa a toda la comunidad judía de Toledo. Por ejemplo, como sugiere Concepción Argente del Castillo Ocaña, "Raquel es … un nombre genérico de las mujeres judías en el ámbito vulgarizado y también en el figural … actúa como madre de judíos. El significado del nombre de Raquel [es] oveja y [se usa] para señalar las imágenes identitarias judías en la obra" (41). Antonio Carreño Rodríguez afirma que a Raquel se representa como "chivo expiatorio … que viene a ser no solo el depositario de todos los males de la comunidad sino también el responsable de todas las desgracias que la afligen" (210); porque Raquel es retratada como una mujer provocadora que desvía al rey de sus responsabilidades causando daño a toda la comunidad. Raquel se identifica como una mujer que trae desgracias primero al rey y luego a toda España: "Al principio no fue tan enojosa / la perdición del Rey; mas ya en Castilla / y en toda España es insufrible cosa" (2133-35; 139). Por eso, Leonor decide que la mejor manera de terminar esta desdicha que afecta a todo el país es matar a Raquel. Por otro lado, Belardo piensa que Raquel y su hermana Sibila, aunque son mujeres muy bellas, siendo judías deben tener un defecto: "En extremo bellas; / pero tienen una falta, / si no me engeña la muestra: / que pienso que son judías" (1300-04; 105). También se emplean versos que se enfocan especialmente en el poder hechicero de Raquel, que se asocia otra vez como rasgo de todo el pueblo judío. Por ejemplo, cuando Alfonso quiere estar todo el tiempo con Raquel, Garcerán se pregunta: "Qué le habrá dado esta mujer?" (1687; 122), refiriéndose, en mi opinión, a algún tipo de comida o bebida con la que ella habría hechizado al rey. Más tarde, Enrique, el hijo del Rey, llama a Raquel "la hechicera de mi padre" (2107; 138), y, al matarla, los soldados enviados por Leonor la igualan con "la Circe que al rey cautiva, / y la hechicera Medea" (2405-06; 150). Lope emplea ciertos nombres con doble significado cuando los enemigos de Raquel la llaman: "Segunda Cava, Circe, Medea, Elena." Andrew Herskovits señala que normalmente esta leyenda era una narración con objetivo histórico para explicar la derrota de Alarcos, pero Lope "once again changes the source material to suit his own purpose" (*The Positive Image* 219).

Otra obra que describe a los conversos con imágenes antisemitas es *El libro de Alborayque* (1480) de un escritor anónimo. En 1545, esta obra se imprimió con el nombre *Comienza el tratado que se dice Alborayque el qual trata de las condiciones y malas propiedades que tienen los conversos judayzantes*. El manuscrito se encontró en la Biblioteca Nacional de París en 1954 por Nicolás López Martínez. El título es muy expresivo, porque en la obra se describe a los conversos como personas crueles, inhumanas, engañadoras, traicioneras e hipócritas. En el texto se les acusa a los judíos de ser la causa de la sodomía. Todos los rasgos atribuidos a los conversos son discriminatorios y muy ofensivos. Como en otros casos, también esta obra tiene una ideología religiosa, intolerante y muy conservadora y refleja la percepción del converso judío en la sociedad española. El escritor anónimo emplea el nombre *Alborayque* como símbolo, inspirándose de *Al-Buraq*, el caballo híbrido que según la tradición musulmana llevó al profeta Mohammad, en una noche, desde Meca a Jerusalén y viceversa durante su viaje celestial. El escritor anónimo cambió el nombre y los rasgos de este caballo sagrado a otro animal híbrido llamado *Alborayque*, que tiene la boca de un lobo, los ojos de una persona y diferentes colores que simbolizan las características híbridas de los conversos. La cabeza de este animal es una mezcla de lobo, caballo, hombre y perro; tiene la cola de serpiente, la boca de una grulla, que a su vez encabeza una serpiente venenosa. Según el autor anónimo, la boca del lobo indica que los conversos "son falsos profetas, llamándose xrianos y no lo son; ca todo aquel ques uno y finge otro es ypicrita" (392), los ojos humanos indican que "los neo-phitos alboraycos miran como hombres humanos, piadosos, falagiiefios, y ellos son ynumanos y crueles" (394). Los diferentes colores que tiene este animal indican "quando se hallan con los judíos, dizen: somos judíos, quando con los christianos: somos christianos" (400). El autor anónimo acusa a los conversos de ser "hipócritas, homicidas, deicidas, crueles, inconstantes, perezosos, herejes, blasfemos, soberbios, estafadores, sodomitas, ladrones, opresores de cristianos, infieles, desprovistos de poder temporal, repudiados por Dios, amantes de las riquezas terrenales, religiosa y racialmente impuros, y peligrosos" (Carpenter 33). Rafael Carrasco afirma que "la producción literaria nos permite el acceso a los mecanismos de la psicología social que movilizaron a los grupos dominados o a sus defensores" (29). Es posible percibir la literatura como una manera de reflejar las percepciones sociales y opiniones personales. Según Carrasco "la literatura es un espejo donde uno se ve a sí mismo, y se ve no en una imagen invertida, sino tal como es. La literatura no dice al Otro, dice a sí mismo" (35). Américo Castro piensa que "la literatura y la vida se elevaban como el ramaje de un mismo tronco" (*De la edad* 29). La comedia, que es el estilo más empleado por los autores del Siglo de Oro, sirve de espejo a las situaciones sociopolíticas de la época.

En este periodo los conversos tuvieron que vivir una vida en sombra, alejados de la sociedad y soportar acusaciones y denuncias de la sociedad que se había obsesionado con la limpieza de sangre. Como señala

Irene Andrés-Suárez, todos los conversos, incluso los escritores del ambiente intelectual fueron devorados por el miedo paralizante producido por la noción de la pureza de la sangre, y por eso se sometieron a la ley del silencio (10) porque no querían sufrir las consecuencias, como ser quemados por la Inquisición. Los autores de los textos que tenían un contenido converso se involucraban en situaciones muy peligrosas, porque, aunque éstos eran cristianos viejos, eran considerados conversos por la Inquisición. Muchos de los conversos hacían papeles en su vida diaria, porque "the allegory of the world as theatre was used mainly as a literary device, in Spain, where the judeo-converso problem was endemic and acute. It was also a practical necessity of life [because] ... life was a theatre" (Herskovits 58). Esta teatralidad afectó también a los escritores conversos de origen judío, como señalan los críticos como Américo Castro, Francisco Márquez Villanueva y Andrew Herskovits. Los escritores conversos adoptaron y desarrollaron una mentalidad conversa en sus obras. Los signos más sobresalientes de esta mentalidad se notan en el uso del lenguaje doble, en el deseo de la crítica social, en la creencia del valor y de la igualdad humana (Herskovits, *The Positive Image* 37).

Uno de estos escritores fue Luis Vélez de Guevara. En su única obra en prosa, *El Diablo Cojuelo,* usó palabras de doble sentido, imágenes y también un rasgo que les faltaba a todos los conversos: la libertad. Luis Vélez de Guevara dio a sus individuos la libertad máxima: el volar. Luis Vélez de Guevara sufrió las consecuencias de su ascendencia judía porque la limpieza de sangre era imprescindible para la sociedad. Aunque Vélez de Guevara se consideraba uno de los escritores más importantes de la "escuela de Lope de Vega" y se conocía por su posición cercana a la corte, nunca pudo obtener el elogio merecido por parte del pueblo y de la corte. Como señala George Peale, en la Corte Vélez de Guevara fue siempre un observador que nunca pudo recibir el elogio como Calderón y Lope de Vega (*Spanish Dramatists* 244). Era un gran escritor que tenía talento en todas las formas literarias, escribió poesía, comedia y prosa, y se consideraba uno de los escritores más importantes de la comedia española. A pesar de esta fama, sus obras nunca fueron recopiladas como las de Lope,

Tirso y Calderón (Manson y Peale 17-18). En 1641 se publicó *El Diablo Cojuelo* en la Imprenta del Reyno en Madrid. Ésta fue su obra más conocida. El 10 de noviembre de 1644 murió pobre, "viejo y cansado" (Tortajada 25).

Con el lenguaje peculiar que él usa a lo largo de la obra, Vélez de Guevara señala que su lector es educado, alguien que conoce la corte y su forma de vida. La obra está formada de vocabulario relacionado con el vestimento y las profesiones relacionadas con la corte. Por eso, solo el lector que conoce estos ambientes puede entender mejor esta obra; en efecto, éste era el propósito de Vélez de Guevara: criticar la sociedad culta usando el poder de sus palabras.

El tranco (o sea el capítulo) primero empieza en Madrid a finales de julio. El escritor ofrece una visión pesimista de Madrid por la noche mencionando sus lugares famosos como el Prado y los Manzanares. En este ambiente, el estudiante Cleofás Leonardo Pérez Zambullo huye de la justicia por estar con una "doncella" llamada Tomasa de Bitigudiño y llega al ático de un astrólogo, y Vélez de Guevara asocia la astrología con "embustera ciencia" (14). El estudiante oye un suspiro que "pareciéndole imaginación o ilusión de la noche" (14), pero lo oye por la segunda vez y dice un refrán "¿Quién diablos suspira?" haciendo alusión al carácter principal de la obra. Recibe una respuesta de "una voz entre humana y estranjera" de una botella de vidrio. El estudiante empieza a hablar con esta voz extraña que le pide que lo libere de esta botella porque el que habla dice que había pasado mucho tiempo "sin emplear[se] de nada, siendo [él] el espíritu más travieso del infierno" (15) y en esta manera, el escritor empieza a informar al lector quién es este segundo personaje de la obra. Esta voz afirma que se llama Diablo Cojuelo. El diablo pide a Cleofás que le saque "deste Argel de vidrio" (18) haciendo referencia a Argel donde muchos españoles fueron presos como cautivos. Cojuelo promete que pagará "el rescate en muchos gustos" (18). En realidad, además del viaje que los dos hicieron volando, Cojuelo no muestra algo de gusto a Cleofás, sino sólo la realidad negativa de la que antes no se había dado cuenta. Entonces, Cleofás rompe la botella con un "instrumento astronómico gigote" (19) y rescata al diablo. Pero lo que ve lo sorprende mucho porque el aspecto físico del Diablo Cojuelo no era lo que esperaba:

> vio en él un hombrecillo de pequeña estatura, afirmado en dos muletas, sembrado de chichones mayores de arca, calabacino de testa y badea de cogote, chato de narices, la boca formidable y apuntalada en dos colmillos solos, que no tenían más muela ni diente los desiertos de las encías, erizados los bigotes como si hubiera barbado en Hircania; los pelos de su nacimiento, ralos, uno aquí y otro allí, a fuer de los espárragos, legumbre tan enemiga de la compañía, que si no es para venderlos en manojos no se juntan. (19)

Esta descripción monstruosa del diablo recuerda la descripción de los conversos dada en el *Tratado de Alborayque*, obra anónima impresa en 1545. En esa obra el converso se pinta como un ser medio humano y medio animal para señalar las cualidades malas que supuestamente tuvieron los conversos en la época.

Una vez rescatado, los dos amigos empiezan a analizar la ciudad desde lo más alto. El Diablo Cojuelo advierte a su compañero que "desde esta picota de las nubes, que es el lugar más eminente de Madrid, mal año para Menipo en los diálogos de Luciano, te he de enseñar todo lo más notable que a estas horas passa en esta Babilonia española, que en la confusión fue esotra con ella segunda deste nombre" (20). El lenguaje de este pasaje demuestra el estado de ánimo caótico de Vélez de Guevara, y al mismo tiempo, lo confirma cuando emplea la palabra "Babilonia." Este término se puede asociar con el exilio, con enemigos externos y según lo señalado en el libro de las Revoluciones del Nuevo Testamento, con todo lo diabólico. Para Vélez de Guevara, Madrid significa la Corte española donde él fue recibido, pero nunca aceptado como noble. Por eso, Madrid simboliza el desorden, la injusticia, su "exilio" de la esfera social. El Diablo Cojuelo empieza a levantar los techos de las casas y mostrar a Cleofás la variedad de gente que vive en los edificios y menciona que quiere "empezar a enseñarle distintamente, en este teatro donde tantas figuras representan, las más notables, en cuya variedad está su hermosura" (22). En mi opinión, la frase clave de la obra es esta afirmación del diablo porque el tópico literario barroco *theatrum mundi*, en la vida de los conversos se convirtió en una forma de vida. Los conversos tenían dos opciones: o vivir en la sombra o actuar constantemente. Por ejemplo, el escape constante del protagonista y del Diablo Cojuelo es un símbolo importante porque demuestra la psicología de los conversos que tenían que escapar de la realidad y actuar continuamente para alejarse de los prejuicios de la sociedad y de los castigos de la Inquisición. El escape de nuestro escritor empezó con el cambio de su apellido. Sabemos que la compra de títulos y casamientos falsos también eran otras formas de escape entre los conversos. En esta obra, de Guevara se enfoca mucho en la teatralidad; por eso, la afirmación del diablo cumple dos propósitos del escritor: por una parte, critica a la sociedad por condenar a los conversos a actuar en la vida diaria y por otra parte, juzga a los nobles por dar importancia a la apariencia.

En una de las casas mirando por el techo los dos amigos se burlan de una pareja "aquel marido y mujer, tan amigos de coche, que todo lo que habían de gastar en vestir, calzar y componer su casa lo han empleado en aquel que está sin caballos agora, y comen y cenan y duermen dentro dél, sin que hayan salido de su reclusión ni aun para las necesidades corporales en cuatro años que ha que le compraron" (28). Aquí se nota otra crítica a la apariencia de la sociedad y a la aspiración por el ascenso social, porque tener un coche con caballos se asociaba con la nobleza. El cortejo de personajes continúa con un fulano que está muriendo y "ayudándole a bien morir un testigo falso, y por darle la bula de la Cruzada le da una baraja de naipes, porque muera como vivió, y él, boqueando, por decir 'Jesús', ha dicho 'flux'" (31). Aquí se indica un tipo de persona que era muy peligrosa para los conversos: el testigo falso. Éstos, con sus acusaciones falsas, pudieron alertar a las autoridades de la Inquisición y hacer que los conversos sean condenados en una sentencia por un error que no cometieron. Los dos siguen y entran en otra plaza "donde se alquilaban tías, hermanos, primos y maridos, como lacayos y escuderos para damas de achaque que quieren pasar en la Corte con buen nombre y encarecer su mercadería" (37). En los discursos mencionados, Vélez de Guevara confía en el instinto de sus lectores y sabe que su lector puede decodificar el lenguaje especial que él emplea en la obra; porque describe la hipocresía de las damas de la Corte, pero cita ejemplos de cambio de apellidos, falsos parentescos asociados con los conversos. El mensaje que quiere dar es el siguiente: los conversos tuvieron que cambiar sus apellidos, crearon parientes falsos sólo para ser admitidos en la sociedad y en la Corte; pero nada funcionó, porque siempre fueron excluidos de la sociedad. Esta sociedad que atacó a los conversos está atacada ahora por un converso que cree que la sociedad está formada totalmente por personas falsas que, como los conversos, no lo hacen para sobrevivir, sino porque son hipócritas. Así que la sociedad que criticó a los conversos por ser falsos es más falsa que los conversos. La aventura y la fuga de los amigos siguen en varias ciudades españolas en las que analizan las vidas de distintas personas de la nobleza.

La única obra en prosa de Luis Vélez de Guevara, en mi opinión, ofrece una dura crítica de la sociedad española que no lo había aceptado a él solo por el hecho de ser un cristiano nuevo, a pesar de que era un escritor famoso y productivo. La visión del mundo del escritor no coincide con la de esta sociedad donde la hipocresía es uno de los elementos que se necesita para sobrevivir. Joaquín de Entrambasaguas, George Peale, Manuel Muñoz Cortés, Enrique Rull y Enrique Rodríguez Cepeda son algunos de los críticos que se acercaron al texto *El Diablo Cojuelo* desde la perspectiva de un escritor converso. Enfocándose en diferentes aspectos de la obra, tales como su lenguaje, su estilo barroco, su temática ideológica. Luis Vélez de Guevara escribió *El Diablo Cojuelo* desde su perspectiva; observó y criticó a la sociedad que dejó fuera de sus márgenes a los conversos como él. Demostró que la sociedad que acusa a los conversos por ser falsos es, en realidad, más hipócrita que todos. Además, el Diablo Cojuelo, que se asocia con los judíos en sus rasgos, se burla de la teatralidad de la sociedad. Pero, lo más importante es que Vélez de Guevara quiso reflejar una realidad social en la cual el converso vive en un mundo encerrado como el Diablo Cojuelo y aunque escape o actúe mucho, al final va a ser siempre destacado por la sociedad o capturado por la Inquisición.

Como se analizó en este ensayo, los judíos sefardíes se establecieron por el Mediterráneo especialmente en las tierras otomanas y en Grecia donde siguieron conectados a la tierra nativa España empleando el español antiguo y las tradiciones literarias españolas. Por otro lado, los judíos que se quedaron en España y se convirtieron, pero aun así fueron criticados, categorizados y excluidos por la sociedad. Este ensayo analizó sólo dos caras de la diáspora sefardita, aunque existen muchas más que demuestran la verdadera historia de la diáspora sefardí. Aunque parece difícil imaginar dejar una vida establecida en un país y empezar una nueva en otro país, los judíos sobrevivieron porque llevaron sus memorias en sus maletas, no se olvidaron de sus tradiciones y siempre se apoyaron creando comunidades. Por otro lado, los conversos, aunque tuvieron vidas difíciles, los autores judeoconversos encontraron maneras de expresar las inquietudes de su gente gracias a la fuerza de sus plumas.

Bibliografía

Alcheh y Saporta, Isaac. *Españoles sin patria de Salónica.* Madrid: Tip. de la Rev. de Arch., Bibl. y Museos, 1917.

Andrés-Suárez, Irene. *Las dos grandes minorías étnico-religiosas en la literatura española del Siglo de Oro: Los judeoconversos y los moriscos: Actas del Grand Séminaire de Neuchâtel*, 26-27 de mayo, 1994. Paris: Les Belles Lettres, 1995.

Argente del Castillo Ocaña, Concepción. "La hermosa Raquel: del imaginario barroco al imaginario neoclásico." *Homenaje a la Profesora Ma. Dolores Tortosa Linde.* Ed. Remedios Morales Raya. Granada: U de Granada, 2003. 35-46.

Artigas, María del Carmen, ed. *La buena guarda.* Madrid: Verbum, 2002.

---. "Esperanzas y tribulaciones de los hebreos españoles: La vara de Judá, de Solomón ibn Verga." Maguen: *Boletín Mensual de la Asociación Israelita de Venezuela* 103 (abril- junio 1997): 35-39.

---. "Las paces de los reyes y la judía de Toledo de Lope de Vega: Una aproximación al lenguaje equívoco." *Explicación de Textos Literarios* 27.1 (1998): 1-13.

Bobes, Jesús Maire, ed. *Judíos, moros y cristianos.* Madrid: Ediciones Akal, 2008.

Borovaya, Olga. "Moses Almosnino's epistles: a sixteenth-century genre of Sephardi vernacular literature." *Journal of Medieval Iberian Studies* 6.2 (2014): 251-269.

Bueno, Francisco. *Los judíos de Sefarad: del paraíso a la añoranza.* Granada: Miguel Sánchez García, 2006.

Cano Pérez, María José. *Introducción. La vara de Yehudah.* By Selomoh ibn Verga. Barcelona: Riopiedras, 1991.

---. "Los judíos andaluces en La vara de Judah de Selomoh ibn Verga." *Almería entre Culturas: Siglos XIII-XVI* 1.1 (1990): 441-53.

---. "Sí pero no aun sí: negociaciones de los sefardíes de Salónica con la corte otomana." *Las praxis de la paz y los derechos humanos: Joaquín*

Herrera Flores in memoriam. Ed. Alfonso Cortés et al. Granada: EUG (2012): 375-92.

Cañas Murillo, Jesús. "Las paces de los reyes y judía de Toledo, de Lope de Vega, un primer preludio de Raquel." *Anuario de Estudios Filológicos* 11 (1988): 59-81.

Carpenter, Dwayne Eugene, ed. *Alborayque*. Mérida: Editora Regional de Extremadura, 2005.

Carrasco, Rafael. "Historia y literatura sobre minorías del Siglo de Oro." *Las dos grandes minorías étnico-religiosas en la literatura española del Siglo de Oro: Los judeoconversos y los moriscos. Actas del Grand Séminaire de Neuchâtel*, 26-27 de mayo, 1994. Paris: Les Belles Lettres, 1995. 15-36.

Carreño Rodríguez, Antonio. *Alegorías del poder: Crisis imperial y Comedia Nueva (1598- 1659)*. London: Támesis, 2009.

---. "Privanza e integridad nacional: Lope de Vega y las crisis del poder." Rilce 21. 2 (2005): 205-25.

Castro, Américo. *La Celestina como contienda literaria* (castas y casticismos). Madrid: Revista de Occidente, 1965.

---. *Cervantes y los casticismos españoles*. Madrid: Alfaguara, 1967.

---. *De la edad conflictiva*. Madrid: Taurus, 1961.

Díaz-Más, Paloma. *Sephardim: The Jews from Spain*. Trans. George K. Zucker. Chicago: U of Chicago P, 1992.

Estrugo, José M. *Los sefardíes*. La Habana: Editorial Lex, 1958.

Farell, Anthony J, ed. *El niño inocente de la Guardia*. London: Támesis, 1985.

Faverón Patriau, Gustavo. "Siete años en el Purgatorio: judíos y cristianos en Las paces de los reyes y judía de Toledo de Lope de Vega." *Bulletin of the Comediantes* 58:2 (2006) 359- 82.

Friedman, Edward H. "The Culture of the Comedia: The Interplay of Texts and Theory." *Critical Reflections*. Ed. Barbara Simerka and Amy R. Williamsen. Lewisburg: Bucknell UP, 2006. 180-204.

Fromm, Annette. "Hispanic Culture in Exile: Sephardic Life in the Ottoman Balkans." *Sephardic and Mizrahi Jewry: From the Golden Age of Spain to Modern Times*. Ed. Zion Zohar. New York: New York UP, 2005.

García Casar, María Fuencisla. "De la Sefarad judía a la España conversa." *Memoria de Sefarad.* Toledo: Centro Cultural San Marcos, octubre 2002- enero 2003, 425-39. <http://www.seacex.es/Spanish/Publicaciones/MEMORIA_DE_SEFARAD/01_intro_sefarad.pdf#>

Gitlitz, David M. "Hybrid conversos in the "Libro llamado el Alboraique." *Hispanic Review.* 60.1 (1992): 1-17.

González Cañal, Rafael. "Judíos y conversos en la poesía satírica del barroco." *Las dos grandes minorías étnico-religiosas en la literatura española del Siglo de Oro: Los judeoconversos y los moriscos: Actas del Grand Séminaire de Neuchâtel,* 26-27 de mayo, 1994. Paris: Les Belles Lettres, 1995.101-28.

Guerrini, María Teresa. "New Documents on Samuel Usque, the Author of the Consolaçam as tribulaçoens de Israel." Sef 61.1 (2001) < http://sefarad.revistas.csic.es>.

Hall, Stuart. "Cultural Identity and Diaspora." *Colonial Discourse and Postcolonial Theory: A Reader.* Ed. Patrick Williams y Laura Chrisman. London: Harvester Whaetsheaf, 1993: 222-37.

Hauer, Mary G. *Luis Vélez de Guevara: a Critical Bibliography.* Chapel Hill: U.N.C. Dept. of Romance Languages, 1975.

Herskovits, Andrew. "The Judaization of Christianity in Felipe Godínez's Ester Plays." *Bulletin of the Comediantes* 60.1 (2008): 51-70.

---. The Positive Image of the Jew in the Comedia. Oxford: Peter Lang, 2005.

Jiménez Pedraza, Felipe B. "La judía de Toledo: génesis y cristalización de un mito literario." *Marañón en Toledo: sobre elogio y nostalgia de Toledo.* Cuenca: Ediciones de la U de Castilla-La Mancha, 1999.

Lavine, Roberta Z. *The Jew and the Converso in the Dramatic Works of Lope de Vega.* PhD Dissertation, Catholic University of America.1983.

Levy, Avigdor, ed. *Jews, Turks, Ottomans.* Syracuse: Syracuse UP, 2002.

---. *The Sephardim in the Ottoman Empire.* Princeton: Darwin P, 1992.

Lida de Malkiel, María Rosa. "Lope de Vega y los judíos." *Bulletín Hispanique* 75.1-2 (1973): 73-112.

Lorenzo, Javier. "Chivo expiatorio, nación y comedía en Las paces de los reyes y judía de Toledo de Lope de Vega." *Bulletín of the Comediantes* 61.1 (2009): 25-34.

Márquez Villanueva, Francisco. "La Celestina como antropología hispano-semítica." *Estudios sobre La Celestina.* Ed. Santiago López-Ríos. Madrid: Ediciones Istmo, 2001. 241-81.

---. *Orígenes y sociología del tema celestinesco.* Barcelona: Anthropos Editorial, 1993.

Mejía, Pedro. *Silva de varia lección.* Madrid: Sociedad de Bibliófilos Españoles, 1933.

Méchoulan, Henry. *Los judíos de España: historia de una diáspora 1492-1992.* Madrid: Editorial Trotta, 1993.

Menocal, María Rosa. *The Ornament of the World.* New York: Back Bay Books, 2002.

Miralles, Enrique, ed. *El Diablo Cojuelo.* Barcelona: Planeta, 1986.

Moreno, Koch, y Elijah Capsali. *El judaísmo hispano según la crónica hebrea de rabí Eliyahu Capsali: traducción y estudio del "Seder Eliyahu Zutá,"* Capítulos 40-70.
Granada: U de Granada, 2005.

Nirenberg, David. "Alfonso VIII and the Jewess of Toledo: A Political Affair." Studies in Honor of Denah Lida. Ed. Mary G. Berg and Lanin A. Gyurko. Potomac, MD: Scripta Humanistica, 2005. 27-43.

---. "Deviant Politics and Jewish Love: Alfonso VIII and the Jewess of Toledo." *Jewish History 21* (2007): 15-41.

Pascual Recuero, Pascual. "Las crónicas otomanas de Moisés Almosnino." *Miscelánea de Estudios Árabes y Hebraicos* 33.2 (1984): 74-104.

Peale, Clifford George. *La anatomía de El Diablo Cojuelo: Deslindes del género anatomístico.* Chapel Hill: North Carolina Studies in the Romance Languages and Literatures, 1977.

---. "Estructura y visión del mundo de El Diablo Cojuelo: Deslindes genéricos y específicos." Dissertation. U of California Irvine, 1973.

---. "Luis Vélez de Guevara." *Spanish Dramatists of the Golden Age: A Bio-Bibliographical Sourcebook*. Ed. Mary Parker. Westport, CT: Greenwood P, 1998. 244-57.

Peale, C. George, y William R. Blue. *Antigüedad y actualidad de Luis Vélez de Guevara*. Estudios críticos. Ámsterdam: J. Benjamins, 1983.

Pérez, Joseph. "La expulsión de los judíos." *Memoria de Sefarad. Toledo: Centro Cultural San Marcos*, octubre 2002- Enero 2003, 43-59.

<http://www.seacex.es/Spanish/Publicaciones/MEMORIA_DE_SEFARAD/01_intro_sefarad.pdf#>

---. History of a Tragedy: *The Expulsion of the Jews from Spain*. Trans. Lysa Hochroth. Chicago: U of Illinois, 2007.

Rodríguez Cepeda, Enrique, y Enrique Rull, eds. *El Diablo Cojuelo*. Luis Vélez de Guevara. Madrid: Alcalá, 1968.

Romeu Ferré, Pilar. "El sueño premonitorio de Moisés Almosnino sobre Yosef Nasí en el Tratado de los sueños (Salónica, 1564)." *Sefarad*. Madrid: CSIC, 2004. 159-93. <http://sefarad.revistas.csic.es/index.php/sefarad/article/viewFile/512/610>

Vega, Lope de. *Arte nuevo de hacer comedias*. Ed. Enrique García Santo-Tomás. Madrid: Cátedra, 2006.

Vélez de Guevara, Luis. *El Diablo Cojuelo*. Ed. F. Rodríguez Marín. Madrid: Espasa-Calpe, 1960.

Weiger, John G. "Lope´s Conservative Arte de hacer comedias en este tiempo." *Studies in Honor of Everett W. Hesse*. Ed. William C. McCrary y José A. Madrigal. Lincoln: SSSAS (The Society of Spanish and Spanish-American Studies at University of Nebraska-Lincoln), 1981. 87-99.

Migrantes, el cuerpo-residuo: análisis estético de *Sin nombre* (2009), de Cary Kukunaga y *Desierto* (2015), de Jonás Cuarón

Ronald Antonio Ramírez
Universidad de La Habana

Resumen

En este artículo emprendo un análisis de los filmes mexicanos *Sin nombre*, de Cary Jukunaga y *Desierto*, de Jonás Cuarón; ambos, anclados en la estética del naturalismo en la cinematografía latinoamericana actual. El objetivo es analizar cómo sus personajes participan de un sistema de exclusión social que los coloca en condiciones extremas de vulnerabilidad y violencia. Apoyado en los preceptos teóricos de Walter Benjamin, Zygmunt Bauman, Judith Butler, Renato Prada Oropeza y Rufo Caballero, observo cómo opera en los distintos niveles de enunciación de estas películas una estética escatológica en los modos de aprehensión del conflicto migratorio, un cine trapero en sus relaciones con lo residual, la lógica excrementicia que hace del sujeto migrante un cuerpo-residuo en la sociedad mexicana.

Abstract

In this paper I undertake an analysis of Mexican cinema *Sin nombre, by* Cary Jukunaga and *Desierto, by* Jonás Cuarón; both, anchored in the esthetics of the naturalism in the Latin American cinematography. The objective is to examine how his characters take part in a system of social exclusion that place them on extreme conditions of vulnerability and violence. Supported with Walter Benjamin's, Zygmunt Bauman's, Judith Butler's, Renato Prada Oropeza's and Rufo Caballero's theories, principally, I observe how operate on this films a scatological esthetics in the modes of apprehension of the migrant conflict, a cinema scrap dealer in his relations with what's residual, the excremental logic that makes the migrant subject a body residue in the Mexican society.

Introducción

El fenómeno migratorio, entrevisto como flujo residual de las sociedades en la era moderna, ha sido objeto de atención desde la perspectiva filosófica y antropológica, con lo cual se reactualiza el modo como entendemos, hoy día, los procesos sociales y culturales de la posmodernidad. El adentramiento a esta problemática desde de una episteme del descarte que condiciona el sentido de vulnerabilidad de la vida humana es cuestionada por Bauman (2005) como una de las principales dificultades a las que se enfrentan las sociedades contemporáneas: lo que convierte el flujo migratorio en residuo humano, las particularidades del proceso que transparentan una lógica excrementicia, los rizomas que permiten desvendar el engranaje del sistema de exclusión, inserción y compostaje de lo residual. Bauman plantea una interrogante que ha centrado gran parte de las meditaciones posteriores en torno a esta paradoja: si ese "juego de inclusión/exclusión es la única manera posible de conducir la vida humana en común y, por consiguiente, la única forma concebible que puede adoptar o de la que podemos dotar a nuestro mundo compartido" (171).

Desde esta perspectiva direccionaré mi acercamiento al tema en su reflejo en la cinematografía mexicana contemporánea. En sus cruzamientos ideoestéticos, la filmografía de ese país ha centrado su interés en el angulado social, el anclaje en la estética del naturalismo sucio que atiende a los modos en que los sujetos excluidos asumen su ser-estar en el mundo de la marginalidad, la violencia, el crimen organizado, etcétera, casi siempre en condiciones precarias de subsistencia y desamparo social. Los hilos temáticos manejados han sido diversos, pero resulta significativo que durante los tres primeros lustros del siglo XXI es frecuente notar cómo muchos de los realizadores del área colocan en el vórtice mismo de sus estéticas el conflicto migratorio.

La perspectiva antropológica y el reflejo de las lateralidades corrosivas del contexto social, rural y urbano, tienen en la trata de personas, la migración ilegal, los desplazamientos forzados por acciones de violencia de bandas paramilitares vinculadas al narcotráfico, las maras y las dificultades económicas propias de los países en vías de desarrollo, agudizadas en las últimas décadas, una de sus temáticas más notables. Prevalece en gran medida un tratamiento descarnado, de visceral naturalismo en sus incursiones al tejido social, casi siempre desde un prisma que privilegia la estética minimalista y las convenciones de los géneros cinematográficos.

Aunque algunos estudios desarrollan tangencialmente este prisma de análisis, fundamentalmente desde la sociología y la historiografía del cine, a mi juicio, todavía insuficiente y no exento de aprehensiones epidérmicas,[67] me interesa la observancia del largometraje de ficción, en particular los filmes *Sin nombre* (2009) de Cary Joji Fukunaga y *Desierto* (2015) de Jonás Cuarón. Ambas películas se caracterizan por una estética crítica, exponente de las problemáticas sociales del país con un valor de denuncia y un discurso testimonial de impacto a nivel internacional. El análisis del discurso estético cinematográfico de estos filmes persigue el objetivo de valorar, desde la hermenéutica textual simbólica (Prada 2013), cómo estos realizadores se acercan a las problemáticas sociales de su contexto regional, en particular a los procesos migratorios y desplazamientos forzados por la violencia, la marginalidad y la crisis económica que padece México. Destacaré aquellos motivos dinámicos fundamentales que inciden en el engranaje de un constructo simbólico-mitológico en el nivel pragmático de las películas, para dilucidar cómo Fukunaga y Cuarón, en su empeño de realizar la observación heurística del fenómeno migratorio, articulan una estética de lo residual en tanto describen las problemáticas sociales amparados en las convenciones genéricas. En este propósito, al difuminar los límites entre realidad y ficción, estos filmes generan una estética disidente, "trapera", que tiende por lo regular a establecer una denuncia social con respecto a las políticas de deshumanización de las agendas gubernamentales, al tiempo que impactan sobremanera en la conciencia del espectador.

[67] Existe una extensa bibliografía que analiza desde diferentes perspectivas, los procesos socioculturales, políticos y religiosos en la filmografía latinoamericana de los últimos años, imposible de consignar aquí. Algunos estudios (Roncero 2004; Caballero 2007; Baisplet 2009) apoyan esta afirmación. En particular, he iniciado mis pesquisas sobre el tema en trabajos actualmente en fase de evaluación en revistas académicas o en capítulos de libro, y otros todavía inéditos como parte de una investigación posdoctoral.

Cuerpo-residuo, compostaje de la violencia y cine latinoamericano de la emigración

Según Zygmunt Bauman, la población excedente es también una variante de los denominados grupos de "residuos humanos", un efecto inevitable de los procesos económicos característicos de la tardomodernidad. Su flujo constante forma parte de un enrevesado ritual de compostaje del cual se sirve el aparato social para retroalimentar la maquinaria del mercado; en el peor de los casos, condiciona una dinámica del descarte que exige ser destruida fuera de los límites del sistema. Eliminar estas "víctimas colaterales del progreso económico, imprevistas y no deseadas", en palabras de Bauman, responde a su inherente condición performativa que a los ojos de la sociedad moderna induce la amenaza de lo abyecto. Aunque Kristeva (2004) ha dedicado in extenso un importante ensayo para el estudio de esta categoría en la esfera social, me interesa relacionarla en el sentido de "matriz excluyente" de Butler (2002, 20), generadora de un excedente residual, una cadena de cuerpos-residuos como parte del acelerado crecimiento y desigual desarrollo de las sociedades modernas capitalistas. De este modo:

> Los inmigrantes, y sobre todo los recién llegados, exhalan ese leve olor a vertedero de basuras que, con sus muchos disfraces, ronda las noches de las víctimas potenciales de la creciente vulnerabilidad. Para quienes les odian y detractan, los inmigrantes encarnan —de manera visible, tangible, corporal— el inarticulado, aunque hiriente y doloroso, presentimiento de su propia desechabilidad (Bauman 2005, 78).

El criterio de que esa gestión particular de reciclaje-evacuación de sujetos "supernumerarios" posibilita mantener el equilibrio y la dinámica de los sistemas, responde a una lógica determinista del pensamiento social que aspira a invisibilizarlos, pues relega al vertedero lo que para la sociedad no puede ser más útil o resulta doloroso de ver. Así, destruir el cuerpo-residuo, de modo que sus efectos radioactivos no entren en conflicto con el desarrollo de las sociedades modernas, condiciona también el uso de la violencia. Bauman manifiesta la necesidad de implementar una estrategia de readecuación que presagie, primero que todo "una perpetua acumulación de residuos y un crecimiento imparable de problemas no resueltos, acaso irresolubles, de eliminación de residuos" (Bauman 2005, 40), es decir, una vigilancia de las fronteras entre la sociedad y sus nocivas rémoras residuales, de la cual dependerá en grado sumo el sostenimiento del sistema. Con esto, a mi juicio, se está planteando una política reguladora preventiva que desestabiliza la comprensión del sentido ético del fenómeno.

Judith Butler ha ido más lejos cuando entiende las categorías "vida precaria", "vulnerabilidad" y "pérdida" como centro de una episteme de naturaleza política. Su punto de partida es la noción biopolítica del individuo —en el sentido de Foucault—, en tanto locus heterotópico ligado a la interacción con otros sujetos socialmente constituidos, lo cual presupone una exposición susceptible e invariable a la amenaza de violencia. Al entrever la categoría de "vulnerabilidad" de los sujetos desde una dimensión transdisciplinar de los estudios culturales, su propuesta de una "ética de la no violencia" le otorga un peso mayor a las reflexiones en torno a cuán fácil resulta eliminar la vida humana; por ende, a la imperiosa necesidad de asumir una responsabilidad colectiva, una postura cuestionadora que redefina las herramientas teoréticas utilizadas hasta el presente en el campo de la culturología, para pensar el sentido de la condición humana, eso que ella define como "lo que cuenta como humano, las vidas que cuentan como vidas y, finalmente, lo que hace que una vida valga la pena" (Butler 2006, 46. Las cursivas del original).

Esta línea insta a repasar las diferencias respecto a los tipos de vulnerabilidad de los sujetos a escala mundial, según normativas de clasificación —sociales, culturales, económicas y políticas— prefijadas por los grupos hegemónicos de poder; a una jerarquización entre cuerpos (para Bauman, el homo hierarqüicus) y a las formas en que un poder-saber influye sobre estos e implementa un acto de inclusión-exclusión. En la dimensión biopolítica de los procesos sociales de la "modernidad líquida", lo que se trata es de atender aquello que genera una cultura de "residuos humanos".

Lo anterior permite distinguir diferencias notables en relación a la idea baumaniana de la producción residual humana como una cuestión "impersonal", propia de un engranaje social que segrega las "víctimas colaterales del progreso" (2005: 58), entre ellas el sujeto migrante, no solo "reutilizado" en función de la ideología del aparato estatal, sino también en beneficio de las tendencias crecientes de criminalidad como parte de la globalización del crimen organizado, tanto en los países receptores como en los proveedores de las oleadas migratorias. El aumento a gran escala de la violencia, los conflictos armados interregionales, los enfrentamientos entre pandillas y fuerzas paramilitares por el control del mercado de estupefacientes, la crisis económica en países subdesarrollados donde buena parte de sectores poblacionales vive en condiciones extremas de marginalidad y pobreza, resultan indicadores principales del desplazamiento forzado de refugiados, inmigrantes económicos, etcétera, todos ellos actores sociales que participan de la dinámica del descarte, los cuerpos-residuos que integran la lógica excrementicia de las sociedades modernas.

Solo en México, en la última década, al menos más de 310.527 personas fueron desplazadas de su territorio, según la Comisión Mexicana de Defensa y Promoción de los Derechos Humanos, debido al flagelo de la violencia criminal en la nación (Telesur 2017). En el último año de esa década, cifras recientes divulgadas por la Comisión Nacional de Derechos Humanos en ese país informan poco más de 35 mil desplazados por ese motivo, aunque puede que se traten, en verdad, de números bastante conservadores:

En México, 35.344 personas han sido víctimas de desplazamiento interno forzado, pues han abandonado sus hogares en el país empujados por la violencia, según un informe de la Comisión Nacional de Derechos Humanos. Pero la misma Comisión acepta que el número de desplazados es mucho mayor debido a la "cifra negra" de casos desconocidos o no documentados por autoridades estatales y municipales que aportaron información para el "Informe Especial sobre Desplazamiento Interno Forzado en México" que se presentó en el país (…) (Montalvo 2016).

Particularmente, en tres estados de esa nación las perjudiciales acciones de los cárteles de la droga sobre las poblaciones locales incrementan la tasa de refugiados e inmigrantes que escapan a diario de la violencia.[68] La analista Laura Rubio indica que "el problema no se ha querido reconocer porque hay un dejo de estrategia fallida en materia de seguridad, hay elementos muy claros para señalar que la estrategia contra el narcotráfico ha sido la causante del incremento de violencia, pero por otro lado es una realidad que incomoda y que conlleva una responsabilidad del Estado para atender el fenómeno" (Montalvo 2016). Basada en un informe global del Centro de Monitoreo de Desplazamiento Interno (IDMC, siglas en inglés) de 2014, Díaz Leal revela que los principales refugiados por enfrentamientos armados constituyen, por lo regular, grupos sociales en condiciones precarias, sin ayuda humanitaria, protección y apoyo estatal, y, por tanto, mucho más sensibles a la amenaza de violencia en la región mexicana. En Honduras y El Salvador, sectores marginales intentan escapar frecuentemente de la trata de personas, del crimen y el estupro de pandillas de Maras, sin que las autoridades migratorias centroamericanas implementen medidas eficientes que contrarresten y reviertan los desplazamientos internos y las migraciones ilegales a México y los Estados Unidos (EFE 2018).

[68] Según Montalvo (2016) "De los 35.344 desplazados víctimas de violencia, el 60% huyó de su hogar en el estado de Tamaulipas: estado en el norte del país que es cuna del Cártel del Golfo y que en la década de los noventa reclutó como brazo armado a Los Zetas y contra quienes viven una disputa de territorio desde 2010. Sólo en Tamaulipas se documentó el caso de 20.000 desplazados por la violencia. Otros estados mexicanos con desplazamiento forzado interno, según la CNDH, son: Guerrero —en el suroeste— con 2.265 casos; Chihuahua —también en el norte— con 2.008; y Veracruz —en el Golfo de México— con 1.131". Esos tres estados albergan organizaciones criminales como el Cártel de Juárez, el Cártel Jalisco Nueva Generación o el lamentablemente célebre Guerreros Unidos, un grupo criminal al que se le atribuye el crimen de los 43 estudiantes normalistas de Ayotzinapa.

Los efectos nocivos de esta compleja problemática alcanzan todas las dimensiones de la vida humana. Nada escapa a la telúrica inestabilidad de las sociedades del subcontinente latinoamericano, perennemente asediadas por el riesgo. La era del exceso, la superfluidad y la obsolescencia generan transitoriedad, vida efímera, precariedad, fragilidad, inconsistencia, destrucción de excedentes humanos. El cuerpo-residuo, el cuasi-sujeto en palabras de Latour (2007), el sujeto superfluo, como lo definen Arendt (1974) y Hauke Brunkhorst (2001), los individuos declassés de Stefan Czarnovvski (Bauman 2005, 59), las vidas desperdiciadas de Bauman o las "no futurizables" de Gabriel Giorgi (2014), forman parte de esa relación dialéctica, complementaria, entre la sociedad y sus restos —residuo, basurero, reciclaje, vertedero, deshecho— que hace pensar en la lógica excrementicia del determinismo social con que las ideologías de poder hacen de estos excedentes "víctimas humanas de la victoria del progreso económico a escala planetaria" (Bauman 2005, 121).

Resulta interesante apreciar cómo las relaciones entre prácticas artísticas y detritus social han cosificado mecanismos de reaprovechamiento y reversión de lo residual que no solo tiende cada vez más a problematizar estos vínculos, sino también a implementar lo que Groys (2005) ha denominado una "estética de la basura". Algunos estudios recientes (Mandel 2013, 7-12; Cuvardic 2007, 217-227) observan cómo es posible sublimar la categoría de lo abyecto en la dimensión de los discursos del arte, la filosofía y la literatura, y evaluar su valor estético en sus complejas y variadas manifestaciones de la cultura popular. Pero quiero resaltar esa intencionalidad del artista en sus gestiones con lo residual desde una perspectiva que engrana una estética de denuncia, un discurso de compostaje que, desde el arte, y particularmente en la cinematografía latinoamericana de los últimos años, en tanto favorece la visibilización de los excluidos, al mismo tiempo explica cómo se insertan en los procesos de globalización en las sociedades de la región, así como los mecanismos de lateralidad que generan corrosión, crimen, violencia, desgarro social, sujetos migrantes. Las diferentes aristas de interpretación del contexto por parte de los realizadores cinematográficos del continente los hacen partícipes de una militancia política que discurre a contracorriente de las ideologías dominantes y segregadoras, y tiende, por lo regular, a movilizar conciencias en torno a la comprensión de esos complejos procesos sociopolíticos y culturales.

Lo anterior trae a colación la instigación benjaminiana de "captar el cuadro de la historia en las más insignificantes apariencias de la realidad, en sus escorias, por decirlo así" (Arendt 1969, 11), en otras palabras, la práctica de una intencionalidad estética en los directores de cine latinoamericanos que los hace fungir como "traperos" (Benjamin 1980, 98),[69] en sus propósitos de espejear las más peliagudas aristas del angulado social. Esta episteme de la escatología —estética del verismo, cine naturalista, de la crueldad, etc., como también se le denomina en el panorama fílmico latinoamericano—, tuvo un notorio redimensionamiento, fundamentalmente, a partir de los años noventa del pasado siglo (Rufinelli 2013, 181). Rufo Caballero, al resaltar ese costado en su análisis estético de los largometrajes de ficción en el periodo, advierte

> una peculiar contundencia al ensalzar la exploración antropológica de la historia, no ya como acento, sino en el lugar de la materia dramática sustantiva. Tal corresponde a un arte dramático donde la seducción depende tanto de la convocatoria de la narración, este cine simula que es el argumento cuanto interesa, para en cambio conseguir que la descripción del hombre en su cultura sea el plano que realmente fundamente la resonancia de los filmes. Con argucia y con ingenio, este otro cine trata de hacer coincidir argumento

[69] En un fragmento del ensayo "El París del Segundo Imperio en Baudelaire", Benjamin establece una analogía metafórica entre el poeta francés Baudelaire con el trapero, una figura que aparece con el auge de las sociedades industriales capitalistas en Europa en la segunda mitad del siglo XIX: "Trapero o poeta, a ambos les concierne la escoria; ambos persiguen solitarios su comercio en horas en que los ciudadanos se abandonan al sueño; incluso el gesto en los dos es el mismo" (Benjamin 1980, 98). A partir de entonces, la equivalencia entre ambas figuras resultaría providencial para analizar el papel de los intelectuales en su observación de los fenómenos sociales que serían objeto de la práctica artística en sus múltiples manifestaciones. Sobre esta idea inciden diversos estudios sobre la crítica de arte contemporánea. Véanse, por ejemplo, Camnitzer 2007; Didi-Huberman 2006; Whiteley 2010 y Cuvardic 2007.

> y contexto. Antes, o la dimensión antropológica pendía de la indagación sociopolítica, de naturaleza ética en primera instancia; o, al ensayar las películas este tipo de sustantivación socio-cultural, llegaban a sacrificar, en no pocas ocasiones, lo específico del drama mismo. (Caballero 2007, 102-103)

En la producción fílmica de los tres primeros lustros del siglo XXI prevalece la continuidad temática desde diferentes perspectivas de estilo que privilegian un cine de urgencia, el posicionamiento de la mirada objetiva de los realizadores, más bien observacional, descriptiva, cercana al registro documental, ajena a la rémora del adoctrinamiento político, aunque en ciertos casos no desasida todavía del compromiso con la crítica y la inconformidad ante el pauperismo social imperante. Realizadores como Amat Escalante, Pablo Reygadas, Diego Quemada-Diez, Gabriel Ripstein, Patricia Riggen, Rodrigo Plá, Michel Franco, por solo mencionar algunos, resaltan entre los directores más significativos que apuestan por el abordaje de las problemáticas más incisivas en el contexto sociopolítico y cultural mexicano.

Al evaluar los filmes relativos al exilio y la emigración en la etapa, Joel del Río encuentra cuatro posibles variantes en cuanto al tratamiento del tema en la cinematografía latinoamericana en general, y en ella, la de los directores mexicanos en particular: "[A]puntar las causas que originaron el exilio, reflejar la odisea del periplo hasta lo ignoto, describir la inadaptación y los traumas del emigrado una vez que arriban a su destino, y afrontar el regreso del exiliado al hogar" (2013, 261).[70]

---

[70] Del Río indica una cifra representativa que, aunque mínima, puede resultar punto de partida para un estudio mucho más amplio de la temática: *Bastardos en el paraíso* (Chile, 2000) de Luis R. Vera; *Miel para Oshún* (Cuba, 2001) de Humberto Solás; *Hijos* (Chile, 2001) de Marco Bechis, *En la puta vida* (2001) de Beatriz Flores, *American Visa* (Bolivia, 2005) de Juan Carlos Valdivia, *Personal Belongings* (*Cuba,* 2006), de Alejandro Brugués; *La misma luna* (México, 2007) de Patricia Riggen y *Rabia* (México, 2009) del uruguayo Sebastián Cordero. Resulta importante señalar, no obstante, que Del Río toma en cuenta solo aquellos filmes en el que la emigración solo se produce debido a la crisis económica que padece la región latinoamericana; la condición de sujeto migrante en los personajes solo responde a sus aspiraciones materiales y anhelos de mejoras de vida en sociedades, casi

Las coordenadas para un estudio desde esta óptica no deben soslayar títulos como Los bastardos (2007), de Amat Escalante; La misma luna (2007) de Patricia Riggen; *Sin nombre* (2009) de Cary Joyi Fukunaga; La jaula de oro (2014) de Diego Quemada-Diez y *Desierto* (2015) de Jonás Cuarón, por solo mencionar algunas de las más notables, los cuales han conseguido lauros importantes en el escenario fílmico mexicano y en el circuito de festivales internacionales de Latinoamérica y Europa. El criterio de selección de los dos filmes que analizaré a seguidas responde a su peculiar modo de representar el conflicto migratorio en los escenarios principales donde se generan: las frontera sur y norte del territorio mexicano, dos espacios estratégicos para la estabilidad política de la región, en permanente crisis humanitaria debido a los altos grados de riesgo y vulnerabilidad que coloca en peligro la vida del sujeto migrante.

Sin nombre: la vida al margen, el dilema entre el ser y el parecer

En *Sin nombre*, el abordaje del conflicto migratorio aparece intrínsecamente asociado al contexto de precariedad económica y violencia en el que se insertan las clases marginadas de la sociedad mexicana. Allí donde toda vida humana sobrevive apartada de la ley, el dilema de la supervivencia condiciona una estrategia de conservación ante el riesgo extremo. El individuo toma conciencia de su vulnerabilidad en un espacio

siempre, del primer mundo. Sin embargo, otra filmografía, particularmente la de Colombia, aborda el tema desde la perspectiva de los desplazamientos forzados por la violencia y los conflictos bélicos en el país, ampliándose de este modo el diapasón temático y estético de los realizadores en su mirada al tema. En este sentido, pueden mencionarse los filmes *Como el gato y el ratón* (2002) de Rodrigo Triana; *Primera noche* (2003) y *La pasión de Gabriel* (2009) de Luis Alberto Restrepo; *La sombra del caminante* (2004), Ciro Guerra; *Heridas* (2006), Roberto Flores Prieto; *Retratos en un mar de mentiras* (Carlos Gaviria, 2010) de Carlos Gaviria; *La sociedad del semáforo* (2010) de Rubén Mendoza; *Los colores de la montaña* (2010) de Carlos Arbeláez; *Silencio en el paraíso* (2011) de Colbert García; *Postales colombianas* (2011) de Ricardo Coral Dorado; *Pequeñas voces* (2011) de Jairo Carrillo; *Todos tus muertos* (2011) de Carlos Moreno; *Porfirio* (2011) de Alejandro Landes; *La Sirga* (2012) de William Vega; *El páramo* (2012) de Jaime Osorio Márquez; *Carta a una sombra* (2015) de Daniela Abad y Miguel Salazar; *Alias María* (2015), de José Luis Rugeles y *Violencia* (2015), de Jorge Forero.

social donde no queda otra salida que la del acoplamiento forzoso mientras se diluyen los límites de la convivencia al amparo de la ética y la moral. Se vive asido a la oscuridad, al magma de la corrosión que mina las estructuras sociales en tanto se extienden los rizomas más neurálgicos de la vida al margen.

Un mérito indiscutible de este filme radica en la radiografía al empaque de la lateralidad en la sociedad mexicana contemporánea, el modo en que consigue explicar el fenómeno de la violencia y la migración, así como su impacto psicológico en los individuos. El retablo marginal parece sumergirse en el marasmo de un espacio-tiempo invariable, donde toda posibilidad de escape ante la corrupción moral y social conduce casi siempre a ninguna parte. En esa intencionalidad de su simbolismo cronotópico fluye la denuncia del filme que desnuda historias de vida sesgadas por la fragmentación espiritual y el automatismo con que asumen prácticas extremas —el asesinato, la extorsión, el contrabando, el secuestro, etc.—, como parte de un proceso inherente a un contexto de desgarro y muerte.

Al inicio de la película, Casper (Edgar Flores), uno de los personajes protagonistas, observa un bello paisaje de naturaleza otoñal que aparece en la enorme pintura de la pared de su casa. En ese instante, su mirada atravesada por la nostalgia y el silencio anhela estar ahí, encontrar un camino de escape que lo aleje de la corrosión. Más adelante, dirá a Sayra (Paulina Gaitán) que "toda su vida ha sido una mierda (sic)" y que por eso "vive al día". En tanto, el padre de la joven, cuando pretende mantenerla alejada de todo contacto con el mexicano, le pedirá mantenerse unidos en un viaje en el cual menos de la mitad de los emigrantes llegará al final del trayecto. Casper romperá el mutismo de su ensueño y retomará con resignación su cotidianeidad entregado al crimen, al robo y reclutamiento de más miembros para la pandilla; Sayra, por otro lado, se convencerá de la necesidad de arribar sana y salva a la tierra prometida con la esperanza de que la profecía de una vieja pitonisa podrá cumplirse al pie de la letra.

Tenemos aquí dos cosas: 1) la fuga como posibilidad de redimir un proyecto de vida cercenado; 2) la resignación y la dureza como vías de anclaje en un contexto de exclusión y violencia. El sustrato ideológico de la película sostiene, visto de esta manera, un conflicto ético, donde la pugna entre el bien y el mal interesa el problema migratorio desde dos modos posibles para erigir su denuncia: el drama económico que desencadena los desplazamientos forzados, y las escasas probabilidades de sobrevivir cuando el propósito implica una travesía de obstáculos rara vez infranqueables, que conducen a una muerte segura.

El guion de Fukunaga apela a un programa narrativo bastante simple para direccionar el mensaje ideoestético de la película: dos tramas principales que transcurren paralelas en la introducción de la diégesis, hasta entrelazar los sucesos dramáticos y poner a prueba las cualificaciones etopéyicas y prosopográficas que diferencian a los personajes ante el espectador. Por un lado, Casper es un joven mexicano marginal miembro de una pandilla de la Mara Salvatrucha que rige el poder en el pueblo. Ubicada en la frontera con Guatemala, en Chiapas, esta comunidad aparece retratada como un espacio periférico en el cual sus pobladores conviven bajo un estado de permanente marginalidad y violencia. Es también un sitio de tránsito, un punto de convergencia de oleadas migratorias procedentes de los países centroamericanos que aspiran a emprender el viaje por territorio mexicano, en los vagones de "La Bestia" que atraviesan el país rumbo a la frontera con Estados Unidos. Por otro, Sayra procede de una ciudad hondureña donde también carece de condiciones favorables para su subsistencia. Los motivos que justificarán su viaje parten del convencimiento de su tío quien le explica, mientras observan la ciudad a lo lejos, que nada pueden esperar de un país que les niega las oportunidades para una mejora de vida. El reencuentro con la figura paterna y la ilusión de reunirse con sus familiares radicados en los Estados Unidos influirán en la toma de decisiones de la joven que asume el reto de emprender una travesía ilegal, con todos los riesgos que implica.

Por lo regular, escenas de este tipo, a la postre, son las catalizadoras del conflicto. En ellas no solo es evidente la intencionalidad autoral de reflexionar, desde el personaje, en torno a la condición social de los sujetos excluidos, sino también de entrever, desde el discurso, las tensiones que sobre ellos ejerce la maquinaria social cuando los relega a un permanente estado de descarte. En el filme de Fukunaga, la denuncia sociopolítica se engrana con eficacia al contenido argumental en tanto describe cómo se efectúa un proceso migratorio forzado sin que el punto de vista narrativo pretenda exclusivamente una visión documental, aunque, como demostraré en este análisis, en cierta medida su mirada determinista del fenómeno resta un tanto las potencialidades del verismo en el valor estético de la historia. Esa fisura del relato se debe a la propensión del guion de modular elementos discursivos convencionales a los géneros —el *trilher*, el *road movie*, el melodrama— con el propósito de encauzar la comerciabilidad del producto estético y, sobre todo, de propiciar con verticalidad un proceso mimético que impacte y movilice la conciencia del espectador. Comprender primero que todo, interesar al público de manera empática y directa, sin complicaciones dramatúrgicas que dificulten el mensaje autoral, aun cuando se trate de un hecho en apariencia ajeno a la existencialidad cotidiana del espectador potencial.

Me interesa subrayar el carácter ambivalente en el trazado psicológico de Casper, pues resulta esencial para deslindar la tesis determinista del filme en relación al tema. Ya comenté al inicio el detalle de la mirada del personaje mientras contempla una pintura. Desde esta misma primera escena, Fukunaga direcciona el referente ideológico de su película al plantear elementos que definen la psicología del protagonista. Lo hace de una manera sutil, apenas presentando un pequeño detalle: el silencio y la enajenación de Casper, los cuales remiten a un conflicto interior relacionado con su estrategia de resistencia (supervivencia) ante las convulsiones del contexto. De este modo el filme atiende a la modalidad veredictiva del relato (el ser-parecer) que justificará el desempeño ulterior del personaje. El paisaje del cuadro es el espacio paratópico, el "no-lugar" que en la mente del joven lo retrotrae de la existencia mundana.

Sin embargo, Casper reconoce que es una zona de irrealidad a la cual no es posible acceder, ni siquiera estableciendo acciones transformadoras que le permitan revertir su enunciado de estado en el mundo real. Aun así, esa mirada que responde a un proceso de identificación con el espacio irreal, advierte también la frustración del personaje ante la imposibilidad de materializar su pertinencia a ese mundo que solo existe en el cuadro y en su mente, y esa sensación de impotencia cederá a la resignación cotidiana que lo insta a una supervivencia de ataduras al margen. El dato más importante en la escena es la posibilidad de comprender que Casper, pandillero, asesino, marginal, es también un tipo romántico, cuyo anclaje en el detritus responde a una postura de conveniencia, asumida con un solo propósito: sobrevivir.

Es común que los miembros de las Maras Salvatruchas, impunemente asentadas con mayor fuerza en la región centroamericana, tengan el cuerpo tatuado con frases que los identifican y diferencian, al mismo tiempo, de los restantes individuos de la sociedad. En el caso de Casper, notemos también que, como característica física, posee un tipo de marca en particular que lo distinguirá de los mareros: el tatuaje de una lágrima en el párpado inferior derecho y la frase "Perdóname, madre mía", en un costado del cuello, que la cámara, por escasos segundos, hace nítida en un plano cerrado. Estas señales adquieren un simbolismo "disidente" en relación a los significados y referentes culturales del contexto en el que se desenvuelve el personaje, al tiempo que anticipan dudas en torno a su verdadera naturaleza moral, aun cuando se le vea partícipe y protagonista de acciones que colocan constantemente en signo de interrogación sus valores éticos.

Ante su sometimiento a las leyes y códigos de conducta de los mareros —el asesinato, la extorsión, el contrabando de drogas y el asalto a los migrantes en los trenes de carga rumbo a Estados Unidos—, Casper tendrá sus zonas de "oasis" donde podrá desvendar al espectador ese costado otro, todavía incontaminado, de su condición humana: el amor por su novia, a la que nunca da cuenta de sus actos delictivos, para preservarla de la marginalidad y el crimen; la protección al niño Smiley (Kristian Ferrer), el amigo encargado más tarde de asesinarlo después de ser reclutado y sometido al ritual de iniciación como miembro de la pandilla; la ayuda a Sayra en su desplazamiento hacia la frontera, luego que esta abandona el tren para seguirlo, pues se ha enamorado del joven… Casper es un personaje de moral dudosa y su conflicto medular estará determinado por las tensiones que le genera su pertinencia a dos mundos, el del bien y el mal, y los modos con que asume su estrategia de resistencia y adaptación en ambos, trasgrediendo constantemente sus fronteras.

En cambio, el personaje de Sayra denota menor complejidad psicológica. Su inexperiencia como joven adolescente aparece determinada por la fragilidad, la inocencia y su condición femenina, el sujeto vulnerable por excelencia en un mundo de peligros que enfrentará con el auxilio de la figura paterna. Es importante significar que todo el guion apuesta por la preservación de estos valores en el personaje, de modo que la dimensión pragmática del discurso fílmico —determinante de los enunciados de estado de los personajes— condiciona entre ella y Casper un eje de oposición binaria claramente definido. Sin embargo, a partir de su encuentro accidental con el mexicano, uno y otro establecen un nivel de complementariedad que sentará las bases para una historia fallida de amor. En este punto, resulta vital la apelación al recurso del melodrama, en verdad bien discreto, con el cual Fukunaga direcciona la mirada del filme exclusivamente al tema de la migración, con toda la dosis de descarnado verismo que lo caracteriza.

El estupro de la policía migratoria, el asedio de pandillas rivales, las paradas en puntos de reposo y albergues durante la travesía, el transbordo incesante de un tren a otro como única manera de completar los trayectos de un viaje en condiciones precarias, muchas veces bajo la inclemencia del tiempo, el hambre, la sed y el riesgo constante de morir, se integran como motivos dinámicos fundamentales en el relato en el cual no solo resulta medular el desenlace del drama de los jóvenes, núcleo del esquema narrativo, sino también la intencionalidad autoral de relevar la experiencia del viaje como un hecho de profundas incisiones traumáticas para la psicología del migrante.

En el eje de relaciones causales, el motivo de la pérdida modela la tematización de la tragedia que afecta directamente a los protagonistas. Casper concentrará todo su esfuerzo en redimir su conducta moral mediante su ayuda a la joven hondureña, a la que no puede corresponder su atracción pasional por él porque es un sujeto mutilado espiritualmente, un tipo que se sabe condenado a morir, pues ha trasgredido el código de conducta marero. Más allá de eso, es consciente de que no encontrará posibilidad alguna para preservar su integridad física. Se vive para la Mara o se muere por ella, y esa sentencia Sayra no podrá comprenderla nunca, aun cuando confíe que su alianza emocional con el mexicano le permitirá alcanzar la frontera sana y salva, como en efecto sucede. En la escena final, mientras localiza a sus familiares por teléfono, el detalle de la mirada de la joven acentúa el carácter circular de la historia pues el filme termina del mismo modo en que empieza, aunque las connotaciones, las circunstancias y el personaje sean esta vez diferentes. Sayra ha escapado de un ambiente hostil a un sitio que cree "seguro", pero se trata, en esencia, de un territorio para ella desconocido. Recordemos que cuando el padre le repasaba el trayecto a recorrer hasta New Jersey, mientras le mostraba el mapa, su dedo le indicaba un espacio en blanco, desprovisto de toda orientación geográfica. Esta ausencia de indicios sobre la topografía del lugar refuerza la idea de los Estados Unidos como espacio paratópico, cuyo único referente informativo que se tiene del país responde a una ideología política y cultural, el *american way of life*, profundamente enraizada en el imaginario colectivo del migrante latinoamericano.

Es por eso que, tanto el cuadro para Casper como el país norteño para Sayra, adquieren, al nivel ideológico de la película, la misma connotación semántica. En tierra norteamericana probablemente la joven sumará nuevas experiencias de vida ajenas al trauma de la marginalidad y la violencia, pero su mirada reflejará el alivio de llegar a salvo en su travesía, así como el dolor de haber pagado, en cambio, un precio demasiado alto:

la muerte del padre, primero, y el sacrificio de Casper, después, serán las lecciones más lacerantes de su aprendizaje donde no habrá tampoco más cabida a la inocencia. El triunfo de todo obstáculo, la prevalencia del bien sobre toda sombra de maldad, desenmascara el trasfondo mitológico de la narración y la tesis determinista del filme que, a pesar de su alto valor estético, no escapa del didactismo aleccionador, un tanto ingenuo, en su cuestionamiento de los valores éticos.

Desde esta perspectiva, *Sin nombre* articula una metáfora muy bien lograda de cuánto la marginalidad más extrema puede doblegar la condición humana mientras anhela en vano su redención espiritual. Esta, por lo regular, tiende al naufragio o a la asfixia por inmersión en un escenario sociopolítico aquejado de metástasis. El determinismo de estas "vidas no futurizables" induce al aferramiento del sujeto a la corrupción moral y social como única forma de mantenerse a salvo.

***Desierto*: el drama migratorio como espectáculo y subversión del discurso hegemónico**

La ópera prima de Jonás Cuarón, *Desierto*, con guion del propio director y Mateo García, constituye otro ejemplo más del interés de los realizadores del continente por reflejar el tema de la emigración como centro de la indagación antropológica y la intencionalidad de subvertir el logos político. Como en el filme anterior, la apuesta por la linealidad en su estilo expositivo, con ingredientes del cine de aventuras y el thriller, direcciona la verticalidad de su mensaje ideoestético, aunque acrecienta, como parte de una evidente estrategia de inserción en el mercado audiovisual cinematográfico, la dosis de alucinógenos en su gramática argumental, de ritmo trepidante, una fórmula muy diestra que tiende a agarrar la atención del espectador desde los primeros minutos.

El núcleo del drama es la odisea de los indocumentados mexicanos cuando atraviesan ilegalmente la frontera con los Estados Unidos a través de la ruta del desierto. El asedio de xenófobos y paramilitares que se erigen por cuenta propia en salvaguardas del territorio norteamericano es el detonante del cataclismo de violencia y muerte. En algún momento de la película, el personaje de Sam (Jeffrey Dean Morgan), el gringo asesino, gritará con rabia: "¡Es mi hogar! ¡No se van a meter conmigo!" y en ese grito hay una intencionalidad de refrendar, a los efectos de la historia, el carácter simbólico del espacio geográfico estadounidense, desde la perspectiva del antagonista. Se trata de una zona sagrada que necesita preservarse del fluido excrementicio segregado del lado opuesto, el *locus corruptus* contaminador de basura humana. Desde esta óptica aflora el pulso de la xenofobia que margina al sujeto migrante latinoamericano y castra su acto de trasgresión. El cruce de los límites fronterizos justifica la matanza de Sam y su mascota Tracker (el rastreador, en inglés) contra el grupo de mexicanos guiados por Lobo (Marco Pérez), el coyote, quienes inútilmente intentarán escapar de una cacería similar a la de un ejercicio de tiro al blanco en movimiento. Solo Moisés (Gael García Bernal) y Adela (Alondra Hidalgo) revertirán la situación con buena porción de suerte y coraje, convirtiendo al exmilitar en víctima de su propia hybris.

Como en *Sin nombre*, el programa narrativo de *Desierto* se nutre de una reactualización de los mitemas constitutivos de la historia del héroe, en este caso, Moisés, que inicia un viaje de búsqueda, una trayectoria de metamorfosis en la cual no solo aspira al mejoramiento de su estatus social sino también espiritual. Joseph Campbell (1953) ha estudiado el proceso en las lógicas narrativas del imaginario cultural, advirtiendo una homogeneidad en la estructura de este mito, tanto en el discurso oral como escrito. Por lo regular, el héroe atraviesa una zona de peligros donde pondrá a prueba sus cualidades etopéyicas y prosopográficas ante un oponente de mayores poderes que, a toda costa, impedirá que obtenga su objeto de deseo. El combate contra este adversario —la prueba calificante clímax en la trayectoria del héroe mítico— lo convertirá casi siempre en un sujeto vencedor.

En las películas que aquí analizo este incurso mitológico (Da Távola 1991), en sus más disímiles variantes, subyace a modo de intertexto, auxiliado de una buena sobredosis de epicidad y artificio en sus efectos visuales de sangre y muerte. La sintaxis fílmica no puede evitar el lastre maniqueo de su constructo actancial; salvo audaces excepciones que arriesgan reescrituras otras del mito, aun dentro de los códigos genéricos,71 prácticamente la esencia simbólica de este intertexto permanece inalterable. De esa manera la caligrafía de *Desierto* trasluce un atavismo al estilo Hollywood cuando desdora la materia dramática —el metraje se resiente del escaso momento que su guion le concede a la necesaria profundización psicológica en sus personajes— mientras apuesta por la espectacularización de la violencia como su carta de triunfo.

No obstante, algunos puntos en su abordaje del tema de la migración y su trasfondo mitológico en el relato merecen un comentario. Tanto el héroe como su antagonista son personajes conflictuados en sus dilemas existenciales. Moisés es un excluible del *american way of life*. Recientemente deportado, desea reunirse una vez más con su esposa e hijo pequeño en los Estados Unidos y para ello apela al trasiego de los coyotes con los riesgos que implica el paso a través de un desierto muy peligroso. La promesa del reencuentro con su familia representa un acto de redención moral72 que en la secuencia de la huida de Moisés, acosado por las balas, encuentra en su desesperado grito un punto de giro en la cadena de relaciones causales del filme. El personaje transita del miedo y la impotencia

[71] Por solo mencionar dos casos recientes en la filmografía mexicana contemporánea, el *thriller 600 millas* (Gabriel Ripstein, 2015) o la comedia *El tamaño sí importa* (Rafael Lara, 2017) efectúan una rescritura del mito que tiende a socavar la lógica tradicional de su estructura, en función de la historia contada. En la película de Ripstein, por ejemplo, el mito de Narciso se inserta en la trama para colocar en tela de juicio la masculinidad del narcotraficante protagonista; en el filme de Lara, el mito de la Cenicienta redimensiona la condición social de la mujer en un contexto de machismo y subvaloración de las cualidades estéticas y sociales del personaje femenino principal.

[72] Lamentablemente el pausado tono con que García Bernal revela esta problemática, dificulta el proceso empático del espectador con ese costado del drama familiar del personaje que el filme no representa, sino que relega únicamente a un pequeño parlamento. Alondra Hidalgo también padece del mismo defecto cuando dice que ha sido enviada por sus padres en contra de su voluntad, creyendo ellos que en el país norteño estará a salvo de la violencia. Quisiera adjudicar su proyección declamatoria a la entonación lingüística de la variante del español mexicano, particularmente a esa riqueza expresiva de la norma popular empleada en determinados filmes, que en su afán de verismo a ultranza, además de tornarse a veces incomprensible, compromete el proceso empático.

al premeditado enfrentamiento con argucia —un recurso dramático también muy previsible en el esquema narrativo del incurso mítico—, y de esa forma aflora el motivo de la némesis, la prueba glorificante que convertirá a la víctima en victimario.

Hay otro punto a favor de la película en relación al diseño de este personaje que se distancia de los patrones arquetípicos del héroe mítico. Cuando su compañera está herida, toma la decisión de abandonarla para salvarse a sí mismo. Aunque más tarde, ya vencido Sam, retornará a ella para llevarla a cuestas hasta el poblado más cercano y restituir así el orden moral quebrantado —valentía, honradez, altruismo, etc.—, en esta escena el filme escapa del maniqueísmo, sobre todo cuando sabemos que en relatos como este de confrontación entre buenos y villanos, las cualidades etopéyicas de unos y otros se proyectan desde posiciones tangencialmente opuestas e inamovibles. Lo mismo sucede con Sam, un asesino agobiado de sí mismo y de su labor como verdugo de migrantes indocumentados73 en una región que, en sus peligrosas y agrestes locaciones, participa en la diégesis como un personaje más. Sin embargo, no consigue abandonar su misión exterminadora: el gringo es un tipo solitario que tiene como único compañero a su perro de caza con el cual realiza la función de garante de la frontera, tomándose la "justicia" por sus propias manos. De cierta forma el diseño personológico de Sam responde a la tendencia a cierta relativización de la maldad en el trazado de personajes antagonistas, matizando sus valores éticos con el objetivo de otorgarle a la historia un alto grado de credibilidad ante el público.[74]

Pero notemos que tanto Moisés como Sam son nombres simbólicos. El uno, según la tradición judeocristiana, tenía la misión de liberar

[73] Por ejemplo, sorprende el gesto de solemnidad cuando se retira el sombrero ante el cadáver del indocumentado asesinado por Tracker.

[74] Además de *Sin nombre*, otros títulos como *Heli* (Amat Escalante, 2013), *La jaula de oro* (Diego Quemada-Díez, 2014) o *Las elegidas* (David Pablos, 2014), ingresan en esta tendencia dentro de la actual filmografía mexicana.

al pueblo hebreo de la esclavitud egipcia y conducir el Éxodo hacia la Tierra prometida; el otro, es un eufemismo archiconocido y por demás en desuso —el famoso "Tío Sam"—, casi siempre empleado en la caricatura política para nombrar de modo peyorativo a los Estados Unidos. Lo interesante del filme es que estos nombres-símbolos no se declaran en el discurso, solo en los créditos, pues los personajes interactúan entre ellos como entes anónimos en un contexto de naturaleza extrema, donde lo que importa articular al nivel de la diégesis es el entramado de una tragedia con tintes de inmediatez, la reacción de sus actores sociales ante el paroxismo de una situación límite.

De este modo, el velo a la onomástica antropológica enmascara un arropamiento arquetípico en el proceso de reescritura del mito del Éxodo en el Antiguo Testamento, para ponerlo en función de la retórica del cine comercial. Como estrategia narrativa para un filme sobre conflictos migratorios en la frontera mexicano-estadounidense, este sustrato resulta consecuente, máxime cuando desnuda una manipulación extratextual —quizá deliberada—, que lejos de coaptar el proceso hermenéutico enriquece las consideraciones sobre el nivel ideológico de la película. Eso parece ser lo que más le ha importado a su realizador. *Desierto* discursa en torno a un conflicto cuya médula política es secular; sin embargo, sus coordenadas de enunciación apenas rebasan el abordaje epidérmico, limitándose al didactismo de superficial moraleja. Otra cosa fuera, en verdad, si este metraje hubiera concedido más hondura a su puesta, permitiéndose mayor desafío estético y la necesaria pausa para la introspección psicológica de sus personajes en su propósito de auscultar un tema complejo. Serían, sin duda, valores agregados a la epicidad de un relato que no concede sosiego en su propósito de subir a cada minuto la cuota de adrenalina.

El segmento final de la película se reserva un nuevo punto de giro: Moisés, pudiendo vengarse de Sam —ahora desarmado, malherido y vulnerable— prefiere no matarlo dejándolo a merced del desierto. Desde todo punto de vista es lo que se espera de la naturaleza moral del héroe, aun cuando el guion haya apelado a ciertas licencias para dotarle credibilidad, a tono con los meandros psicológicos de la condición humana. No obstante, resulta pertinente señalar aquí la intencionalidad autoral de condensar, en el sustrato ideológico del filme, acaso un guiño subversivo muy bien velado que desborda los límites del sistema textual para, desde la ficción, vehicular un referente simbólico de la imagen del migrante, contraria a la lógica excrementicia con la que se le relaciona en el discurso geopolítico de la región. Se trata también de una postura política del realizador, nada agradable a los ojos de quienes favorecen la creación de leyes antinmigrantes y promueven muros de contención, aun cuando, como producto estético, *Desierto* sea apenas, a mi juicio, un electrizante ensayo fílmico que roza el tema en su superficie.

La ópera prima de Cuarón no solo entrega un mensaje alentador en tiempos donde la xenofobia, la impunidad, el holocausto y la discriminación a los indocumentados en los Estados Unidos están a la orden del día; es, además, un ejemplo de cuánto el arte puede generar contradiscursos a estrategias hegemónicas de segregación. Su notoriedad radica en la sutileza de la manipulación ideológica en favor de los excluidos mientras supedita su resultado estético al potenciamiento de la acción —más acción que discurso verbal, es eso y no otra cosa *Desierto*—, reciclando las inmanencias del mito bíblico del Éxodo y reactualizándolas según las posibilidades de expresión del cine de género.

No por azar este filme surge en medio de un escenario político donde las principales agencias noticiosas del mundo se hacen eco, casi hasta el cansancio, del fenómeno migratorio ilegal entre México, los restantes países centroamericanos y los Estados Unidos, así como de la polémica en torno al levantamiento del muro en la frontera durante el gobierno de Donald Trump, el más reciente escándalo de las separaciones de los menores de edad de sus familiares indocumentados, entre otros asuntos legislativos que movilizan la opinión pública internacional en la agenda mediática de hoy día. Ese enunciado otro, el de la protesta y el aliento —muy subrepticio— que trasciende las contingencias de lo ficcional, remeda una suerte de contrarréplica al mandato que impone la contención.[75] Ya sabemos cuánto el arte imita a la vida —por ironías de ella misma, a veces también viceversa—, solo que el sesgo sociopolítico en *Desierto* implica, desde esa lectura especular, un cliché, aunque aplaudido, no por ello menos panfletario. Como resultado estilístico y estético prevalece la manquedad, puro efectismo en aras de entretenimiento, aunque desde el punto de vista ideológico, las implicaciones del nivel pragmático resultan válidas, potencialmente desgarradoras en su abordaje del conflicto migratorio.

Palabras finales

En la cinematografía mexicana contemporánea el tema de la emigración participa de una estética dramatúrgica de lo residual que tiene una incidencia eficaz en la comprensión del fenómeno en el escenario cultural y político del país. En el caso de las películas analizadas, la dimensión antropológica de su denuncia intercepta las dinámicas de la lateralidad más corrosiva, el viacrucis del descarte y compost al que se somete el sujeto migrante en tanto cuerpo-residuo. La mirada de los realizadores se posiciona desde una óptica descriptiva del conflicto que, por lo regular, centra su atención en explicar cómo se ejecutan las estrategias de supervivencia de los individuos en un contexto hostil, asediados por la violencia, el crimen y las condiciones extremas de vulnerabilidad y riesgo a las que se

[75] Han sido incontables las veces en que el propio García Bernal, considerado él mismo un trabajador migrante dentro del circuito mundial de la industria cinematográfica, se ha manifestado abiertamente contrario a todo tipo de política segregacionista implementada por las administraciones norteamericanas de los últimos años. Sus comentarios al respecto pueden rastrearse en no escasas entrevistas e, incluso, en algunos post de su cuenta en Twitter. Invitado a presentar el premio al mejor corto animado, en la ceremonia de premiación de los Oscar en 2016, no perdió la ocasión para expresar, una vez más, su desacuerdo con la construcción del muro divisorio que Trump pretende levantar entre Estados Unidos y México. Sus palabras merecieron una cerrada ovación del público asistente. Obviamente, el simpático Bernal no necesitó cruzar ilegalmente la frontera para llegar de impecable esmoquin al Dolby Theatre, pisar su alfombra roja y salir al escenario para entregar el premio. Pero ahí estaba su sentir como mexicano y latinoamericano. Acaso también la sutil impronta subversiva del Moisés de estos tiempos que alienta el éxodo a la tierra prometida.

someten, cuando transgreden los espacios geográficos concedidos por la sociedad debido a su condición de sujetos excluidos.

En ese marco de desgarro y excreción, en sus historias de vida apenas existe cabida para el presente; el mañana resulta un momento en el espacio-tiempo lleno de incertidumbre y desesperanza, el no-lugar que insiste en desdibujarse en el imaginario colectivo del migrante. La intencionalidad de la óptica naturalista tiende a focalizar la problemática de manera directa, con todas las posibilidades de expresión de los géneros cinematográficos que dinamizan las historias. El objetivo no es otro que el de movilizar conciencias, facilitar la comprensión del público potencial sin que ello implique carenar los rubros de lo específico cinematográfico –visuales, sonoros, dramáticos, etc.—, el acabado artístico de los filmes; se trata, en síntesis, no solo de sensibilizar la mirada del espectador sobre este fenómeno social sino también hacerlo partícipe de la reflexión respecto al tema.

Las estéticas narrativas direccionan una postura de denuncia social que articula, por lo general, un discurso a contracorriente en su propósito de espejear la problemática de la emigración en el espacio geopolítico de la región. En las películas analizadas es notoria la presencia de un sustrato mitológico que confronta la imagen degradada del sujeto migrante por el discurso hegemónico, las estrategias xenófobas y marginalizadoras de las políticas gubernamentales, con el propósito de revertir, desde el arte, su condición de sujeto residuo en la escala global. Aunque estas incursiones al tejido social no consiguen despojarse de un atavismo utópico, propios de los discursos narrativos ficcionales, al menos en los segmentos finales de las películas los realizadores demuestran cómo se produce el compostaje social al que se somete el individuo migrante como parte de la dinámica del descarte, la lógica excrementicia del determinismo que hace de ellos cuerpos residuos invisibilizados y vulnerables ante la escalada de crimen y violencia en las sociedades latinoamericanas contemporáneas.

Bibliografía

Arendt, Hanna. *Los orígenes del totalitarismo*. Madrid: Taurus, 1974.

----------. "Introduction" a W. Benjamín: *Illuminations. Essays and Reflections*, 1-58. New York: Shocken Books, 1969.

Armijo Canto, Natalia. (s.a.) "Frontera sur de México: los retos múltiples de la diversidad". https://www.casede.org/PublicacionesCasede/MigracionySeguridad/cap2.pdf

Baisplet, Eduardo Adán. "Cine latinoamericano: la niñez y la violencia", Creación y Producción en Diseño y Comunicación VI (24). http://fido.palermo.edu/servicios_dyc/publicacionesdc/vista/detalle_articulo.php?id_libro=136&id_articulo=4611.

Bauman, Zygmunt. *Vidas desperdiciadas. La modernidad y sus parias*. Buenos Aires: Paidós, 2005.

Benjamin, Walter. *Iluminaciones II. Baudelaire: un poeta en el esplendor del capitalismo*. Madrid: Taurus, 1980.

Boletines Telesur. "¿Por qué huyen? México tiene más de 300 mil desplazados",15 noviembre. https://www.telesurtv.net/news/Por-que-huyen-Mexico-tiene-mas-de-300-mil-desplazados-20171115-0020.html.

Brunkhorst, Hauke. "Global society as the crisis of democracy". En Mikael Carleheden y Michael Hvüd Jacobsen (comp.). The transformation of Modernity: Aspect of the Past, Present and Future of an Era. Ashgate, 2001.

Butler, Judith. *Vida precaria. El poder del duelo y la violencia. Buenos* Aires: Paidós, 2006.

---. *Cuerpos que importan: sobre los límites materiales y discursivos del "sexo"*. Buenos Aires: Paidós, 2002.

Caballero, Rufo. *Cine latinoamericano (1991-2003). Un pez que huye. Análisis estético de la producción*. La Habana: Arte y Literatura, 2007.

Camnitzer, Luis. 2007. "La enseñanza del arte como fraude", Simpósio TERCEIRA MARGEM: educação para a arte / arte para a educação. Porto Alegre, 11 abril. http://www.fundacaobienal.com.br/2007.04.11%20-%20Simp%F3sio.pdf.

Cassain, Laura. 2008. "Judith Butler, Vida precaria. El poder del duelo y la violencia, Paidós, Buenos Aires, 2006, 192 pp.". *Foro Interno*, 8:184-187.

Cuvardic Gacía, Dorde. 2007. "El trapero. El otro marginal en la historia de la literatura y la cultura popular". Káñina (XXXI (1): 217-227. https://repositorio.ufsc.br/xmlui/bitstream/.../290073.pdf.txt;...2

Da Tavola, Artur. *Libertad de ver.* Pablo de la Torriente: La Habana. 1991.

Del Río, Joel. "Primicias y reciclajes del siglo XXI". En Edgar Soberón Torchia (coord.), *Los cines de América Latina y el Caribe*, 1970-2010, parte 2, 255-263. Artemisa: Ediciones EICTV, 2013.

Didi-Huberman, George. *Ante el tiempo: historia del arte y anacronismo de las imágenes.* Buenos Aires: Adriana Hidalgo, 2006.

EFE. 2018. "México: La complicada situación de los migrantes y desplazados",29 de enero. https://elcomercio.pe/mundo/mexico-complicada-situacion-migrantes-y-desplazados-noticia-493016.

Giorgi, Gabriel. *Vidas comunes. Animalidad, cultura, biopolítica.* Buenos Aires: Eterna cadencia, 2014.

Groys, Boris. *Sobre lo nuevo.* Ensayo de una economía cultural. Valencia: Pre-Textos. 2005.

Kristeva, Julia. *Poderes de la perversión.* Buenos Aires: Siglo XXI Editores. 2004

Latour, Bruno. *Nunca fuimos modernos.* Ensayo de antropología simétrica. Buenos Aires: Siglo XXI. 2007.

Luiselli, Valeria. "Mirador. Plan Frontera Sur". En El País, 19 de septiembre. https://elpais.com/elpais/2016/09/18/opinion/1474212274_655720.html

Mandel, Claudia. 2013. "Notas sobre la categoría de 'lo abyecto' en las artes visuales contemporáneas". *Revista Escena* 32 (72-73): 7-12.

https://revistas.ucr.ac.cr/index.php/escena/article/view/14450/13744

Montalvo, Tania. "¿Cuántas personas han sido desplazadas por la violencia en México?". *Hipertextual*, mayo 26. https://hipertextual.com/2016/05/desplazados-por-violencia-en-mexico.

Prada Oropeza, Renato. *Hermenéutica. Símbolo y conjetura.* La Habana: Arte y Literatura, 2012.

Roncero Moreno, Fernando. "Los olvidados. Modelos de violencia y marginalidad en el cine latinoamericano". www.equiponaya.com.ar/congreso2004/ponencias/fernando_roncero.doc.

Rufinelli, Jorge. "Los años 90: volver al futuro". En Edgar Soberón Torchia (coord.), *Los cines de América Latina y el Caribe, 1970-2010*, parte 2, 181-194. Artemisa: Ediciones EICTV. 2013.

Villafuerte Solís, Daniel y María del Carmen García Aguilar. 2015. "Crisis del sistema migratorio y seguridad en las fronteras norte y sur de México". *En Rev. Interdiscip. Mobil. Hum.*, XXIII (44): 83-98, jan./jun.

Whiteley, Gilliam Junk. *Art and the Politics of Trash*. London: I. B. Tauris. 2010.

Filmografía

Sin nombre (Cary Joyi Fukunaga, 2009).

Desierto (Jonás Cuarón, 2015).

EDITORES

Edurne Beltrán de Heredia Carmona, Coastal Carolina University

Luis Mora-Ballesteros, Monmouth University

AUTORES

Abraham Prades, Georgetown College

Bruno Nowendsztern, Arizona State University

Christina Sisk, University of Houston

Gabriel Osuna Osuna, Universidad de Sonora

Miriam Romero, Norwich University

Ronald Antonio Ramírez Castellanos, Universidad de la Habana

Tugba Sevin, Southwestern Oklahoma State University

Otras publicaciones de Erosbooks:

Gladys Ilarregui
El amarillo inaudito.
Los poemas a Ucrania.

Gustavo Geirola
Dedicatoria
Sonetos y antisonetos

Gerardo González
Soave Libertate

Otras publicaciones de Argus-*a*:

Gustavo Geirola
Lacanian Discourses and the Dramaturgies

Gustavo Geirola
Introducción a la praxis teatral.
Creatividad y psicoanálisis

María Cristina Ares
Evita mirada
Modos de ver a Eva Perón:
las figuraciones literarias y visuales de su cuerpo
entre 1992 y 2019

Gustavo Geirola
Los discursos lacanianos y las dramaturgias

Eduardo R. Scarano (compilador)
Racionalidad política de las ciencias y de la tecnología.
Ensayos en homenaje a Ricardo J. Gómez

Virgen Gutiérrez
Con voz de mujer. Entrevistas

Alicia Montes y María Cristina Ares, compiladoras
Régimen escópico y experiencia.
Figuraciones de la mirada y el cuerpo
en la literatura y las artes

Adriana Libonatti y Alicia Serna
De la calle al mundo
Recorridos, imágenes y sentidos en Fuerza Bruta

Laura López Fernández y Luis Mora-Ballesteros (Coords.)
Transgresiones en las letras iberoamericanas:
visiones del lenguaje poético

María Natacha Koss
Mitos y territorios teatrales

Mary Anne Junqueira
A toda vela
El viaje científico de los Estados Unidos:
U.S. Exploring Expedition (1838-1842)

Lyu Xiaoxiao
La fraseología de la alimentación y gastronomía en español.
Léxico y contenido metafórico

Gustavo Geirola
Grotowski soy yo.
Una lectura para la praxis teatral en tiempos de catástrofe

Alicia Montes y María Cristina Ares, comps.
Cuerpo y violencia. De la inermidad a la heterotopía

Gustavo Geirola, comp.
Elocuencia del cuerpo.
Ensayos en homenaje a Isabel Sarli

Lola Proaño Gómez
Poética, Política y Ruptura.
La Revolución Argentina (1966-73): experimento frustrado
De imposición liberal y "normalización" de la economía

Marcelo Donato
El telón de Picasso

Víctor Díaz Esteves y Rodolfo Hlousek Astudillo
Semblanzas y discursos de agrupaciones culturales
con bases territoriales en La Araucanía

Sandra Gasparini
Las horas nocturnas.
Diez lecturas sobre terror, fantástico y ciencia

Mario A. Rojas, editor
Joaquín Murrieta de Brígido Caro.
Un drama inédito del legendario bandido

Alicia Poderti
Casiopea. Vivir en las redes. Ingeniería lingüística y ciber-espacio

Gustavo Geirola
Sueño Improvisación. Teatro.
Ensayos sobre la praxis teatral

Jorge Rosas Godoy y Edith Cerda Osses
Condición posthistórica o Manifestación poliexpresiva.
Una perturbación sensible

Alicia Montes y María Cristina Ares
Política y estética de los cuerpos.
Distribución de lo sensible en la literatura y las artes visuales

Karina Mauro (Compiladora)
Artes y producción de conocimiento.
Experiencias de integración de las artes en la universidad

Jorge Poveda

La parergonalidad en el teatro. Deconstrucción del arte de la escena como coeficiente de sus múltiples encuadramientos

Gustavo Geirola

El espacio regional del mundo de Hugo Foguet

Domingo Adame y Nicolás Núñez

Transteatro: Entre, a través y más allá del Teatro

Yaima Redonet Sánchez

Un día en el solar, expresión de la cubanidad de Alberto Alonso

Gustavo Geirola

Dramaturgia de frontera/Dramaturgias del crimen. A propósito de los teatristas del norte de México

Virgen Gutiérrez

Mujeres de entre mares. Entrevistas

Ileana Baeza Lope

Sara García: ícono cinematográfico nacional mexicano, abuela y lesbiana

Gustavo Geirola

Teatralidad y experiencia política en América Latina (1957-1977)

Domingo Adame

Más allá de la gesticulación
Ensayos sobre teatro y cultura en México

Alicia Montes y María Cristina Ares (compiladoras)

Cuerpos presentes.
Figuracones de la muerte, la enfermedad, la anomalía y el sacrificio.

Lola Proaño Gómez y Lorena Verzero / Compiladoras y editoras

Perspectivas políticas de la escena latinoamericana. Diálogos en tiempo presente

Gustavo Geirola

Praxis teatral. Saberes y enseñanza. Reflexiones a partir del teatro argentino reciente

Alicia Montes

De los cuerpos travestis a los cuerpos zombis. La carne como figura de la historia

Lola Proaño - Gustavo Geirola

¡Todo a Pulmón! Entrevistas a diez teatristas argentinos

Germán Pitta Bonilla

La nación y sus narrativas corporales. Fluctuaciones del cuerpo femenino en la novela sentimental uruguaya del siglo XIX (1880-1907)

Robert Simon

To A Nação, with Love: The Politics of Language through Angolan Poetry

Jorge Rosas Godoy

Poliexpresión o la des-integración de las formas en/desde
La nueva novela *de Juan Luis Martínez*

María Elena Elmiger

DUELO: Íntimo. Privado. Público

María Fernández-Lamarque

Espacios posmodernos en la literature latinoamericana contemporánea: Distopías y heterotopíaa

Gabriela Abad

Escena y escenarios en la transferencia

Carlos María Alsina

De Stanislavski a Brecht: las acciones físicas. Teoría y práctica de procedimientos actorales de construcción teatral

Áqis Núcleo de Pesquisas Sobre Processos de Criação Artística
Florianópolis

Falas sobre o coletivo. Entrevistas sobre teatro de grupo

Áqis Núcleo de Pesquisas Sobre Processos de Criação Artística
Florianópolis
Teatro e experiências do real (Quatro Estudos)

Gustavo Geirola
El oriente deseado. Aproximación lacaniana a Rubén Darío.

Gustavo Geirola
Arte y oficio del director teatral en América Latina
Tomo I: México y Perú

Gustavo Geirola
Arte y oficio del director teatral en América Latina
Tomo II: Argentina, Chile, Paraguay y Uruguay

Gustavo Geirola
Arte y oficio del director teatral en América Latina
Tomo III: Colombia y Venezuela

Gustavo Geirola
Arte y oficio del director teatral en América Latina
Tomo IV: Bolivia, Brasil y Ecuador

Gustavo Geirola
Arte y oficio del director teatral en América Latina
Tomo V: Centroamérica y Estados Unidos

Gustavo Geirola
Arte y oficio del director teatral en América Latina
Tomo VI: Cuba, Puerto Rico y República Dominicana

Gustavo Geirola
Ensayo teatral, actuación y puesta en escena.
Notas introductorias sobre psicoanálisis y praxis teatral

Argus-*a*
Artes y Humanidades / Arts and Humanities
Los Ángeles – Buenos Aires
2023

www.ingramcontent.com/pod-product-compliance
Lightning Source LLC
LaVergne TN
LVHW091053080826
845145LV00002B/737

* 9 7 8 1 9 4 4 5 0 8 5 1 7 *